Ⓢ新潮新書

関 裕二
SEKI Yuji

古代史の正体

縄文から平安まで

JN018872

902

新潮社

はじめに

長い間、日本の古代史について何冊もの本を書いてきたが、我が国の歴史は国民にきちんと伝わっているのかという思いが私の頭から去ることはなく、それどころか近年ますます大きくなるばかりだ。

たとえば、かつては弥生人は紀元前3世紀に稲作などの先進文化とともに日本にやって来て、またたくまに列島を席巻したとされていたが、その後の考古学の進展により、日本に稲作が伝わったのは紀元前10世紀ごろにまでさかのぼり、しかもそれ以前に1万年以上続いてきた縄文文化と融合しながら、徐々に広まったというのが定説となりつつある。しかし、弥生人が日本文化の基層を作ったという考えは、広く残ったままだ。

あるいは、中大兄皇子《なかのおおえのみこ》と中臣鎌足《なかとみのかまたり》が蘇我入鹿《そがのいるか》を暗殺した乙巳《いっし》の変（その後に推し進めたと言われるのが大化改新）については、今ではさまざまな説が提示されるようになってきてはいるが、悪玉である蘇我氏が善玉の二人に成敗されたという図式に大きな変化はないように見受けられる。

新しい、真実に近いと思われる見方が広まっていかない理由は、いくつか考えられる。大きいのは、学界の縦割りの弊害だ。古代史は古文書など文献資料の研究から真実に迫ろうとする文献史学と、発掘された遺跡や土器などから当時の姿に迫る考古学の2つから成り立つ。この2つの分野は古代史の両輪で、古代史の真実に迫るには、双方の分野の横断的な知識が求められる。たとえば、日本古代史の名著と言える中央公論社の『日本の歴史』シリーズ第1巻『神話から歴史へ』を書いたのは当時東京大学文学部助教授だった文献史学者の井上光貞だが、考古学の部分に関してはのちに考古学研究の第一人者（同志社大学教授）となる、若き日の森浩一に拠っている。

この2つの分野を比較すると、文献史学の発展は段階を踏んで緩やかに進む。しかし、考古学は逆だ。土地開発は全国どこでも行われているわけだから、遺跡・土器が発見されて新しい知見となる「考古学的発見」は、今日もどこかで生まれている。とはいえ、それによって文献史学の定説が瞬時に変わるわけではないこともあり、古代史全体としての認識の歩みは遅々として進まないということになる。

昨今は学者たちの研究分野がさらに細分化する傾向にあるため、大きな仮説・物語を打ち出せないという問題もある。

しかも、邪馬台国《やまたいこく》論争などはその典型だが、学者は自分の学閥が以前から主張してきた説にはなかなか異を唱えにくいという人間的な事情もある。また、左翼的史観が強かった戦後の学界の力関係がまだ残っているという面も大きい。さらに、自然科学ならともかく、日本の古代史が海外の研究者から強い関心を持たれることも少ないので、痛みを伴う内部からの変革は難しいということもある。

とはいえ幸いにも、文献史学と考古学それぞれの研究が進展し、古代史のかつての常識は通用しなくなったのも事実である。先進の古代史を理解するには、固定観念に縛られない素直で柔軟な発想が求められる。その、古代史のエッセンスと、筆者の考えを、誰にもわかるように紹介していきたい。本書はこれまでの教科書的な歴史観を、新常識でひっくり返していく通史である。

なお、日本の古代といった場合、「日本史では一般に奈良・平安時代を指し、古墳時代（原始古代）を含めてもいう」（広辞苑第7版）、「日本の場合は、奈良・平安時代をさすことが多く、大和政権の時代を含むこともある」(精選版日本国語大辞典)ということなので、ヤマト政権の成り立ちから始めるのが妥当なのかもしれないが、本書では日本人はどこから来たのか、日本の文化とは何か、ということにまで立ち入りたいので、研究の進歩が著しい縄文時代にまでさかのぼって論を進めていくことにする。そしてそこで触れる日本人の性質は、今の日本の原型であるヤマト政権誕生において、重要な意味を持つことになる。

古代史の正体　縄文から平安まで　目次

第1章　弥生時代はなかった？

文明と進歩を嫌う日本列島人

日本文化の原点は弥生時代に求めるのが、かつての常識だった。稲作が始まり、金属器が普及したとされる時代だ。たとえば、人類学者の金関丈夫《かなせきたけお》は、「日本民族の直接の祖型は、弥生式文化」で、縄文文化からもらい受けた遺産はなにもないと断言していた（『日本民族の起源』法政大学出版局、１９７６年）。半世紀近く前の発言だから、これを今になって批判することはフェアーではないが、このような常識が長い間通用していたからだろうか、平成10年（１９９８）の学習指導要領の改訂で、小学校の教科書から旧石器時代と縄文時代の記述は消されてしまった。ようやく平成20年（２００８）の改訂にいたって復活したが、新聞で言えばベタ記事のような扱いを受けている。かつての「太古の日本列島は渡来文化に圧倒された」「縄文と弥生の間には、文化の断絶が横たわっている」という考えが、染みついてしまっているのだ。これはいただけない。教科書の記述は、最先端の考古学から、2周も3周も遅れているのだ。

実は、すでに考古学者の多くは、「縄文時代こそ、日本文化の原郷だった」と考えている。すぐ近くに世界一の文明国＝中国が存在したにもかかわらず、日本列島人は中国から「必要なもの」だけを学び、あとは切り捨ててきたのだ。これは、縄文時代から続く日本列島人の「性癖」とも言えるものだ。

新幹線や高速道路が日本全国に張り巡らされ、各地で開発が進んだことで「考古学の定点観測（発掘調査）」が行われると、それまでの常識は次々に覆されていった。その結果、日本文化の基礎は、今から1万数千年前に始まる縄文時代やそれ以前の旧石器時代に整っていたのではないかと考えられるようになってきた。

日本人は、縄文的な習俗を、いまだに残していることもわかってきた。縄文文化こそ、民族の三つ子の魂だったのだ。

それだけではない。古代日本の技術や文化の多くは大陸や朝鮮半島からもたらされたと考えるのが、これまでの常識だった。ところが、日本列島人は文明の導入に消極的で、固有の文化にこだわっていたという説も現れ始めた（寺前直人『文明に抗した弥生の人びと』吉川弘文館、２０１７年）。

1万年続いた縄文時代の晩期（紀元前13～紀元前8世紀）に、北部九州に稲作文化が流れ込んだが、稲作が東に伝播するスピードが想像以上に遅かったこともわかってきた。さらに、日本列島全体を見渡すと、縄文的な習俗はなかなか消えなかった。

日本列島人は、文明を嫌い、進歩に躊躇する民族だったようだ。ヤマト建国という現象はまさにこの性質が表れた象徴的な事例で、さらに近世の始まりや戦後社会も、「昔（縄文）に戻りたい現象」だったと、筆者は見ている。

日本人はどこからやってきたのか

そこで縄文時代を知るためにも、人類の歴史と日本列島における旧石器時代からあとのおおまかな流れを整理しておこう。そもそも日本人は、どこからやってきたのだろう。

母から子に伝わるミトコンドリアDNAの解析によって、人類（ホモ・サピエンス、新人）の祖は、20万年前のアフリカのひとりの女性に求められるという（イブ仮説）。そして今から8万～6万年ほど前、一部の人々がアフリカを飛び出した。彼らは50万年前にアフリカを飛び出したネアンデルタール人（旧人）らと混血し（1～3％）、世界に拡散した。そして、日本列島にたどり着いたのは、およそ3万8000年前のことと考えられている。最終氷期の時期で、海峡は凍てつき大陸とつながっていたのだ。

ところで、1980年代には、日本人の起源は「二重構造モデル」を用いて語られていた。まず東南アジアから人々が流れ込み（古モンゴロイド）、旧石器人や縄文人となり、そのあと、北東アジアから稲作文化を携えた第2波の人々が流れ込み（新モンゴロイド。寒冷地に適応したモンゴロイド）、縄文人と混血を重ね「ヤマト人」となったという推理だ。ただし、日本列島の南北の人々（アイヌ人やオキナワ人）に、縄文の血が濃く残ったと想定した。

しかし、DNA解析が格段に進歩してみると、もう少し複雑な人の流れがわかってきた。たとえば、ヒトゲノム情報を駆使する遺伝学者の斎藤成也が提唱した3段階モデルがある。抜粋してみよう（『日本人の源流』河出書房新社、2017年）。

・第1段階　約4万～4400年前（ヤポネシア［日本列島人］の旧石器時代から縄文時代中期にかけて）
ユーラシアのさまざまな地域から南北のルートを使って人々が流れ込んだ（ただし、

どこから来たのかはっきりとわからない、特異な存在)。1万6000年前に縄文土器を造り始めた。

・第2段階　約4400〜3000年前（縄文時代の後期と晩期）
第2の渡来があった。ルーツは朝鮮半島、遼東半島、山東半島の海人《あま》や園耕民（農耕民）。

・第3段階前半　約3000〜1700年前（弥生時代）
朝鮮半島を中心に、水田稲作の技術を携えて第3波が押し寄せた。第2波の遺伝子に近い。列島南北の人びととは混血していない。

・第3段階後半　約1700年前〜現在（古墳時代以降）
ユーラシア大陸から断続的に移住があった。

これが、最先端科学が考える「日本人の成り立ち」の流れだ。ただし、日本列島にやってきた人たちの話は、これで完結したわけではない。

遺伝子研究は、近年ヒトゲノムの全貌が明らかになって、飛躍的に進歩した。ところが、逆に、縄文人の先祖捜しは、複雑怪奇で、どこからやってきたのか、見当がつかなくなってしまったのが現状だという。また、日本人全体の遺伝子は多様性に富んでいて、アフリカを出立した人々のほとんどのDNAが日本列島にたどり着いているのだという。このような民族は、他に例がないということだ。

旧石器時代から縄文、弥生へ

ここまでわかったところで、旧石器時代、縄文時代、弥生時代について説明しておこう。

3万8000年前に日本列島にホモ・サピエンスが渡って来て、旧石器時代（1万6000年前ごろまで。旧石器とは打製石器）が始まった。石を叩いて割り、ヤジリなどを作って狩りをする人々だ。

この時代、2回の渡来の波があったことがわかっている。まず、北から来た人々が関東地方の周辺に住みついた。信濃川から碓氷《うすい》峠を下って旧利根川、東京湾に続くライン周辺が狩場となり、ナイフのような切れ味の黒曜石を長野県の霧ヶ峰に求めた。これを、「旧石器古道」と呼んでいる。その後、南から来た人々が、旧石器古道の西側にやってきて、棲み分けを始めた。のちに、縄文人が東国で人口を増やし、東西日本の異なる文化圏を形成していくが、すでに旧石器時代に、「東西ふたつの日本」の萌芽が生まれていたという（安蒜《あんびる》政雄『旧石器時代人の知恵』新日本出版社、2013年）。

また、約1万6000年前に、彼らが土器を造り始めて、縄文時代が始まる。狩猟採集を生業にする人々が築き上げた新石器時代でもある。叩いて割るのではなく磨いた石が新石器だ。その差は大きく、磨いた石斧《せきふ》は樹木を伐採できた。土地を開墾して定住するきっかけになり、豊かになった。

次に、弥生時代とは、稲作が始まり、土器の作りが簡素化し（弥生土器）、金属器が到来した時代だった。ただし、このあと触れるように、縄文の文化や習俗は、なかなか消えることはなかった。

「海人」とスンダランド

おおまかな流れがつかめたところで、縄文時代と弥生時代について、考えてみたい。

三内丸山《さんないまるやま》遺跡（青森市）で、平成4年（1992）から調査が始まり、大規模な集落跡がみつかって縄文時代を見直す気運は一気に高まった。マスメディアも「進んでいた縄文時代」と、報道するようになった。その当時、考古学者の間では、すでに常識になっていたことだが、毛皮を着て狩りに明け暮れ、放浪していたと信じられた縄文人像が、大きく崩れ去ったのだ。

約35ヘクタールという広大な敷地に、1500年間、人々が集まって暮らし、すでに階級の差があり、簡単な植物の栽培を行っていたこともわかった。

縄文土器は世界最古級の土器で、煮炊きができるようになったことによって、食べられる材料が増えた。巨大建造物も建てられるようになり、黒潮を突っ切る航海術も身につけ、遠距離の交易を行っていた。「縄文尺」も使いこなしていた。

ちなみに、戦後の史学界を唯物史観が大手を振って歩いていた影響から、「人類は進歩する」と信じられていたため、縄文時代は古い「野蛮で停滞した時代」と考えられていた。そうした進歩（唯物）史観の呪縛から抜け出したころにちょうど三内丸山遺跡が出現した意味は、大きかった。「野蛮で貧しかったはず」と多くの史学者は決め付けていたが、豊かな縄文時代の様子がわかってきた。虫歯も確認され、食料も同時代の世界と較べて格段に豊かだったことがわかっている。

縄文時代の「進んだ文化」は、発掘調査によって、次々と明らかになってきているが、ここで特記しておきたいのは、縄文の海人の話だ。縄文の海人の存在は、日本が歴史時代に突入しても多大な影響を及ぼすことになるので、無視できないのだ。

鹿児島県霧島市に縄文草創期（1万6000～1万2000年前）から早期（1万2000～7000年前）の遺構を含む上野原《うえのはら》遺跡がみつかっている。不思議な遺跡で、「縄文時代といえば東が中心」と考えられていたのに、西のはずれから、当時最先端の遺跡が出現したのだ。52軒の竪穴式住居《たてあなしききょ》（同時代に集落を形成していたのは10軒程度）がみつかっていて、安定した定住生活が始まっていたことがわかっている。どこよりも早く、高度な技術を用いた壺や耳飾が作られ、薫製の保存食を作っていた。祭祀に用いたと思しき土偶や石器もみつかっていて、精神文化の高まりが推測されている。

彼らは世界でもっとも強い海流・黒潮に乗って南方からやってきた海人（漁撈民《ぎょろう》、航海民）だったようだ。マレー半島東部からインドシナ半島にかけて、かつて広大な陸地が広がっていた。それがスンダランドで、ビュルム氷期（最後の氷河期）が終わって温暖化が始まり、海面が上昇し、大部分が水没してしまったのだ。その住民の一部が、直接日本列島にたどり着いていたことが、遺伝子研究の結果、わかっている。また、鹿児島の縄文人が使っていた海人の道具（石斧）が、黒潮でつながる南方の地域とそっくりだったことも、縄文の海人とスンダランドを結びつけている（小田静夫『遥かなる海上の道』青春出版社、2002年)。

ところが、6500〜6000年前、薩摩半島から大隅海峡にかかる鬼界《きかい》カルデラが大爆発を起こし、南部九州は、壊滅的打撃を受けてしまう。南島に逃げる者が多かったようだが、一部は日本列島各地に散らばっていった。彼らが、縄文の海人となって、大活躍するようになる。その後彼らは「倭の海人」となり、技術力の高さは、東アジアに広く知れ渡っていく。

縄文人は狩猟採集民族であるとともに優秀な海人だった。

稲作は縄文時代に始まっている

縄文人は土着の原始人で、弥生人は文明をもたらした渡来系と、学校で教わってきた。しかし、この常識も、もはや通用しない。縄文人が渡来人に駆逐され、入れ替わったのではなく、渡来人は縄文人の中に溶けこんでいったこともわかってきた。

弥生時代の到来は、紀元前3世紀、あるいは紀元前5世紀と、長い間考えられていた。古墳時代の始まるのは3〜4世紀だから、あっという間に稲作は東に伝播していったと信じられていた。ところが、炭素14年代法(有機物に含まれる放射性物質・炭素14の半減期が５７３０年であることを利用して、遺物や遺跡の絶対年代を測る技術）が世界中で認知され、日本でもこの方法が採用されると、弥生時代の開始時期は修正された。紀元前10世紀後半に、北部九州に稲作文化が流入した可能性が高くなったのだ。だから稲作は、長い年月をかけて、緩やかに東に向かったことになる。

昭和53年（１９７８）に板付《いたづけ》遺跡（福岡市）が調査され、縄文時代晩期（３３００～２８００年前）の夜臼式《ゆうすしき》土器を含む層から、水田遺構が出現した。55年には菜畑《なばたけ》遺跡（佐賀県唐津市）で、さらに古い時代の水田跡がみつかり、「縄文時代に水田稲作が始まっていた」と、大騒ぎになった。

西日本では、縄文後・晩期に、すでに穀物（陸稲を含む）を作っていたこともわかっている。これを考古学者は「園耕民」と呼んでいる。園耕民は川の上流域で暮らしていたが、縄文晩期は冷涼多雨で、下流域に低湿地が形成され、「渡りに船」で、稲作を始めたようなのだ。つまり、稲作を始めたのは先住の縄文人で、しかも、縄文晩期から弥生時代中期にかけて、日本の土器が朝鮮半島南部に流れ込んでいたこともわかってきた。ほぼ同一文化圏と言っても過言ではなかった。つまり、ふたつの地域の交流の中から、縄文人が主体的に文化を取捨選択して弥生時代は生まれたようなのだ。

また、時代区分に関しても、縄文時代と弥生時代の境界線が不鮮明になってきた。渡来系と思われた墓に縄文的な形質の遺体が埋められていたり、縄文土器のような弥生土器が多く出現した。北部九州の弥生土器に、東北の縄文土器（亀ヶ岡《かめがおか》式《しき》土器）の影響が及んでいたこともわかってきた。

それだけではない。すでに述べたように、稲作文化は渡来人の圧倒的なパワーによって各地に伝播したのではなく、バケツリレーのようにゆっくりと東に伝わっていったというのが、今日的解釈になった。ただし、順調に伝わったわけではない。最初の水田が九州北部に出現してから関東に稲作が定着するまで、約700～800年の年月を要している。

縄文文化の揺り戻しも起きている。たとえば弥生時代中期の瀬戸内や近畿の土器は、縄文中期の土器とよく似た文様を描き始めている。また、瀬戸内、近畿、東海地方の社会では、北部九州のような格差や階層が生まれず、縄文時代中期の東日本（当時の人口密集地域）の社会に構造が似ているという（松木武彦『列島創世記　全集・日本の歴史第1巻』小学館、2007年）。

縄文人が稲作を受け入れるには、いくつもの障害があった。稲作は共同作業だから、集団の同意を取りつける必要があった。埋葬文化（信仰形態）も地方により異なっていた。たとえば関東の縄文人は、再葬墓（土葬や風葬をして白骨化した遺骸を再び土器に入れて葬る）を造営し、先祖から続く絆を大切にした。これに対し稲作民は、地縁でつながり集住していた。弥生文化が広がるには、日本列島の中でいくつもの縄文の壁が立ち塞がったという指摘がある（小林青樹『倭人の祭祀考古学』新泉社、2017年）。北部九州でさえ、水田、環濠《かんごう》集落、金属器、弥生土器といった「弥生時代を名乗る条件」がそろうまで、最初に稲作文化が入ってから約200年を要している。さらに、その他の地域では、これら「弥生時代を名乗る条件」をすべて満たす場所は見当たらず、極論すれば、弥生時代は北部九州と朝鮮半島南部で完結しているとする説もあるぐらいだ。

「弥生時代」とはいっても、その3分の2の時間は、稲作文化を受け入れた人と、縄文的な生活を続けていた人が列島内で共存していたのだ。

渡来人が圧倒的な力で稲作を広めたのではないし、「日本文化は弥生から始まる」という話も、もはやそのまま受け入れることはできなくなったのである。

「強大な権力」の発生を嫌った縄文文化

ではなぜ「弥生時代の縄文人」は、稲作文化をすんなり受け入れなかったのだろう。

狩猟民族は、縄張りを重視するが、他地域と本格的な戦闘を起こさない。防御性の強い環濠集落も生まれなかった。一方、人間は農業を選択した時点で、戦争を始めたとする説がある（コリン・タッジ『農業は人類の原罪である』新潮社、2002年）。食料の余剰が生まれ、人口が増え、さらなる農地や水利を求め近隣と争うことになり、強い王が求められていく……。本格的な農業の始まりと共に戦争が勃発することを、縄文人は知っていたのではなかろうか。

当時、世界でもっとも文明が発達した中国がすぐ近くにありながら、日本列島人は「進歩することを拒み続けた」気配がある。それには、根本的な理由があったのではなかったか。

日本人の多くは虫の声や動物の鳴き声、風や水の流れる音などを、世界の人とは違って「言語を司る左脳」で聞き取っているという（角田忠信『日本語人の脳』言叢社、2016年）。そして、その原因を探っていくと、日本語を母語にしたためらしい。左右の脳の働きに関して、大脳生理学的な民族差は認められないが、6歳から9歳の言語獲得の臨界期までに母音が優勢な言語（日本語やポリネシア諸語など）で育った人の場合、音を処理する左右の脳が入れ替わる例が多いと、いくつかの実験方法で確かめている。これを「感覚情報処理機構におけるスイッチ機構」と呼んでいる。

ちなみにこの仮説は、主に欧米の「社会科学系の学者」から批判を受けているが、角田忠信は「理解が不充分」と指摘した。また、民族主義的発想とレッテルを貼られたことに関して、客観的な実験データを提示し、冷静に反論している。そして角田は、日本人の伝統的な心情の特徴は、①情緒性、②自然性、③非論理性に求められるとする。

日本語の起源がいまだによくわかっていないし、孤立した言語なのだが、少なくとも縄文時代の中ごろには、成立していたらしい。縄文的で多神教的な発想を日本人が捨てきれなかった理由のひとつは「日本語脳」に隠されていた可能性が高い。そして、多くの渡来人が日本列島にやってきて新来の文化を次々ともたらしたが、彼らの子や末裔は日本語を話し、「日本語人」に変化していったことになる。

弥生時代の青銅器にも、縄文的な発想が織り込まれている。教科書的に大雑把に言ってしまえば、北部九州を中心にした「銅矛《どうほこ》・銅剣」の文化圏と、近畿地方から東海地方にかかる「銅鐸《どうたく》」文化圏に大別される。西側には富を蓄えた強い首長が誕生し、東側の銅鐸文化圏は、強い首長を拒んだ地域だ。

銅鐸には、縄文時代から継承された文様が残されている。縄文土器や石棒類に施された文様帯が、弥生時代の木製品や土器に継承され、のちに銅鐸を飾るようになった。しかも、銅鐸は元来カウベルのような大きさだったのに、いつの間にか、1メートルを超えて持ち運びできなくなってしまった。寺前直人はこれを、「階層社会と強く結びついた外来金属器の階層性を拒絶し、特定個人に所有されにくい金属器体系を独自に確立したのである」と指摘した（前掲『文明に抗した弥生の人びと』）。

要は、銅鐸文化圏の人々は、強い権力者の発生を嫌ったのだ。だから、銅鐸を大きくして、首長が独占できないように、みなでお祭りをした、ということになる。

朝鮮半島に近い北部九州では、大陸と同じように、金属器をためこみ、強い王が出現したが、東側の「より縄文的」な社会では、互恵的な社会を構築し、富の集中を許さない均質な社会が誕生していたのである（設楽博己「弥生時代の交易・交通」、『考古学による日本歴史9　交易と交通』大塚初重ほか編、雄山閣出版、1997年）。

考古学の進展は、これまでの縄文、弥生観を完璧に塗り替えてしまった。そして、弥生時代の次に来るヤマト建国と古墳時代を考える上でも、多くの示唆を与えてくれているのだが（次章で詳述）、文献史学は、まだこの考古学の指摘を、十分受けとめていない。じつにもったいないことなのだ。

第2章　考古学で解くヤマト建国——きっかけはタニハ連合

「邪馬台国」論争にうつつを抜かすな

縄文的な思惑が邪魔をして稲作の拡散のスピードは遅かったが、それでも次第に日本列島各地で稲作は選択され、人口が増え、近隣地域と争うようになった。金属器も登場したから生産性と殺傷能力は向上し、だからこそ鉄器の流通ルートの覇権争いも起きてしまった。ヤマト建国の直前の弥生時代後期、「倭国は大乱状態」と記録されていたほどだ（『後漢書』）。

防御性の強い高地性集落も、瀬戸内海周辺を中心に九州、近畿に造られた。生活するには不便な場所だったが、中世戦国時代に再利用されたことが多いことからもわかる通り、戦争のために理にかなった場所が選ばれていたのだ。そして弥生時代の終わりの2世紀後半に邪馬台国《やまたいこく》の卑弥呼《ひみこ》が登場し、3世紀初頭になるとヤマトの三輪《みわ》山麓・纏向《まきむく》

（奈良県桜井市）の地に、方々から人々が集まり、ヤマト建国のきっかけが作られていく。なにもなかった扇状地に、政治と宗教に特化された前代未聞の都市が生まれたのだ。中国では、魏《ぎ》・呉《ご》・蜀《しょく》の『三国志』や『三国志演義』の時代だ。ここからいよいよ、日本の歴史が動き出す。

邪馬台国はヤマト建国の直前からヤマト黎明期にかけて、日本列島のどこかにあった国で、倭国王の住む場所だった。

勘違いされがちなのだが、「倭国」は、今日の日本国と同じ領域を指すわけではない。「魏志倭人伝」に描かれた倭国は、もっと狭い領域だった。その証拠に、「魏志倭人伝」には、倭国から東に海を渡ると別の国があり、みな倭種だと記されている。

ただここで、邪馬台国論争に踏み込むつもりはない。理由はふたつある。

①「魏志倭人伝」の文面を読んでも、邪馬台国の所在地は、特定できない。候補地はいくらでも挙げられる。

②邪馬台国論争にうつつを抜かしている間に、考古学はヤマト建国の詳細を解き明かしてしまった。日本人にとって重要なのは、邪馬台国の所在地ではなく、ヤマト建国とヤ

マトの王の正体だ。ヤマト建国は考古学と『日本書紀』を照らし合わすことで、ほぼ真相を解明することができるまでに至っている。

そこで、ヤマト建国の真相を、解明しておこう。ちなみにヤマト建国は、「混乱の時代から平穏な時代への大変化」をもたらした事件で、建国の地の纏向には、柵や環濠がない。「防衛本能」が欠如したような都だったのだ。

ちなみに、邪馬台国の卑弥呼の出現は、ヤマト建国と似たところがある。「魏志倭人伝」には、「もともと男王が立っていたが争いが絶えず、女王を立てた」とある。弥生時代の混乱を鎮めるために寄り集って王を立てたわけだ。邪馬台国とヤマト建国には、戦乱の弥生時代を抜け出すための古代人の知恵と工夫が満載だったはずだ。

また、最先端の考古学の知見を並べるだけで、正確な、われわれの想像を超えるヤマト建国の歴史を再現できる。この章では、まずこれまでの学説を紹介したあと、とにかく具体的に物証を並べる作業に徹して、ほとんど知られることのなかったヤマト建国の真相を明らかにしてしまおう。

ヤマト発祥の地に北部九州の痕跡はなかった

ヤマト建国とは、どのような事件だったのか。なぜ、奈良盆地に都が置かれたのだろう。まず、『日本書紀』の記事を追ってみる。

天上界（高天原《たかまがはら》）のアマテラスは孫（天津《あまつ》彦彦火瓊《ひこひこほのに》瓊《に》杵尊《ぎのみこと》）を南部九州日《ひ》向《むか》（宮崎県と鹿児島県の一部）に下ろし、その曾孫の神武《じんむ》（神日本磐余彦尊《かむやまといわれびこのみこと》）が東に向かった（神武東征）と『日本書紀』にはある。ただし、物部《もののべ》氏の祖のニギハヤヒ（饒速日命《にぎはやひのみこと》）が先に天磐船《あまのいわふね》に乗ってヤマトに舞い下り、先に暮らしていたナガスネビコ（長髄彦）の妹を娶《めと》ってすでに君臨していた。ところが、ニギハヤヒは神武を迎え入れ王位を禅譲したとある。神武は畝傍《うねび》山《やま》（奈良県橿原《かしはら》市）の東南に宮を建て、即位した。これが『日本書紀』に書かれたヤマト建国である。

では、史学者たちは、この時代の歴史をどのように考えてきたのだろう。

戦前、すでに歴史学者の津田左右《そう》吉《きち》は、神武東征は神話にすぎないと切り捨てていた。神武は実在しないし、天皇家の発祥地が九州という話も信じられないとした。これに対し中山平次郎（病理学、考古学者）は、ヤマトで生まれた古墳文化は、北部九州の青銅器文化とつながりがあると考え、三種の神器の起源を北部九州に求めた。哲学者、日本思想史家の和辻哲郎も、神武は九州からやってきたと説き、弥生時代の青銅器が、九州を中心とする銅剣・銅矛と、畿内を中心とする銅鐸の文化圏に分かれていたこと、ヤマト建国後、銅鐸の文化が断絶してしまったのは、九州の支配者が畿内の先住民を攻め滅ぼしたからだと指摘した。

戦後、邪馬台国論争が活発になり、邪馬台国九州論者は、邪馬台国が北部九州から東に移ってヤマトは建国されたと主張した。「邪馬台国」が「ヤマト」になったというわけだ。

この考えが、しばらく有力視されていた。弥生時代後期に北部九州は、当時世界最高峰の文化度を誇った中国から文物が流れてくる朝鮮半島にもっとも近い地の利を活かし、大量の鉄器を保有し富を蓄えていた。出雲《いずも》や吉備《きび》にも鉄は流れたが、近畿地方南部と東側には流れてこなかった。つまり、ヤマトは鉄の過疎地帯だったのだ。この点は重要なのでご記憶いただきたい。

ところが、1971年に始まった纏向遺跡の発掘調査が進むにつれ、意外な事実が明らかになってきた。纏向に前方後円墳が出現し、これが次第に日本列島各地に伝えられ、古墳時代が始まっていたことがわかってきたのだ。また纏向は、外来系土器が多い遺跡だった（全体の15％）。その内訳は東海49％、山陰・北陸17％、河内10％、吉備７％、関東５％、近江５％、西部瀬戸内３％、播磨《はりま》３％、紀伊１％。問題は、北部九州勢力がヤマトを作ったのならば、その土器が多く発見されるはずなのに、北部九州の土器がほとんど入っていなかったことだ。それどころか、この前後、近畿地方の人々が、北部九州に向かって大量に流れ込んでいたこともわかってきた（近畿の土器がみつかっている）。文物は西から東に流れるという常識が、纏向遺跡の発掘調査によって覆されたのである。

また、纏向の代表的な前方後円墳として知られる箸墓《はしはか》（箸中山《はしなかやま》古墳）が、炭素14年代法によって３世紀半ばに造営された可能性が出てきた。しかも、ヤマトを代表する巫女《みこ》がこの地で葬られたと『日本書紀』に記されているので、この時期に死んだ卑弥呼の墓ではないかと推理された（卑弥呼の死去は２４７年とも）。つまり、邪馬台国畿内説が、ここで俄然有利になってきたし、「もう畿内説で決まった」と豪語する学者も現れた。

ただし、邪馬台国畿内説を安易に受け入れることはできない。炭素14年代法には誤差があって、箸墓は、もっとも古く見積もると３世紀半ばの造営だが、４世紀前半の可能性も高い。それに畿内説を成立させるためには「魏志倭人伝」の記事に「邪馬台国は北部九州沿岸部から見て南にある」とあるのを「東に」と読みなおさねばならず、無理がある。卑弥呼は、防衛力のある住まいに住んでいたが、すでに触れたように、纏向には環濠すらなくあてはまらない。纏向が邪馬台国だったことを証明する物証は、何も挙がっていないのだ。

一方で、今の日本の原型がヤマト政権であり、その故地が纏向遺跡であることについてはほぼコンセンサスができている。だから、不毛な邪馬台国論争よりも、ヤマト建国に的を絞った方が、余程有意義なのだ。

銅鐸・石製短剣は「文明に抗う社会装置」か？

くどいようだが、「魏志倭人伝」の言う「倭国」は、日本列島全体を含んでいたわけではない。当時、地域国家が乱立していた。おそらく、倭国は北部九州をさしていて、それ以外に出雲や吉備、丹波、近江、東海、ヤマトなどの諸勢力が、覇を競っていた。それが、考古学からわかる弥生時代後期（ヤマト建国直前）の姿だ。

ならば、強い王がヤマトに乗り込んで、新しい王権をうち立てたのだろうか。かつては、そう考えられていた。しかし、ヤマトは「寄せ集め国家」だった可能性が高まっている。

纏向に外来系の土器が集まったように、ヤマト政権の象徴である前方後円墳も、いくつかの地域の埋葬文化の寄せ集めと考えられている。複数の要素を取り込み、なおかつ「天円地方《てんえんちほう》」（天は丸く大地は四角いとする考え）などの古代中国の宇宙観を組みこんで生まれた。

問題は、巨大前方後円墳を造営する独裁王が立ったのか、ということなのだが、どうやら、それは違うらしい。

三輪山西麓の大和《やまと》・柳本《やなぎもと》古墳群は、古墳時代前期の前方後円墳や前方後方墳（前と後ろ両方が四角い）が28基も集中している。ほとんどが3世紀中ごろから4世紀前半または中ごろのヤマト黎明期のもので、6〜7人の異なる系譜の首長（1代20年前後で世代交代）が、この場所に大きな墓を造っていた。考古学者の広瀬和雄は、奈良盆地の離れた場所に拠点を構えていた有力首長が「政治的結合を示威するため三輪山西麓に墓域を結集し、前方後円（方）墳をとおして強固な政治的結合をあらわしたとみなされます」と言っている（『前方後円墳の世界』岩波新書、2010年）。そして彼ら有力首長層が、代替わりごとに、ヤマトの大王《おおきみ》を共同推戴していたと指摘している。

また、前方後円墳は亡くなった首長霊に首長一族の祖霊を加えて、彼らの霊力を次代の新首長に継承する儀礼を行う場、とする考えが定説となっている（近藤義郎『前方後円墳の時代』岩波書店、1983年）。しかも、各地の首長もこれを真似ることで、ヤマトの王の祖霊を頂点とする擬制的同祖同族関係を構築するための巨大装置だった。

このように、考古学は、ヤマト建国とヤマトの王の正体を、次第に明らかにしているのだが、最大の謎は、鉄の過疎地帯だったヤマトに、なぜ人が集まり都が造られたのか、ということなのだ。最も貴重で、強力な武器にも使える鉄がない地域に、いかなる吸引力があったのか。

ヒントを握っているのは「石器」かもしれない。ゆるやかな石器流通のネットワークが弥生時代のヤマト周辺に残されていて、これが力を発揮した可能性が高い。

弥生時代は金属器の時代と考えられているが、磨製石器だけではなく、旧石器時代から続く打製石器も、生活の道具に使用していた。そして、石の採取と加工と流通の広域ネットワークが大切に守られていて、しかも畿内の諸集団による独占的なネットワークではなく、互恵的な社会システムが機能していたというのだ（前掲「弥生時代の交易・交通」）。さらに、近畿地方南部では、青銅器の入手は可能だったのに、人々はあえて石製短剣（二上山《にじょうさん》サヌカイト［安山岩の一種］を原石とする）を使用している。この石製短剣は、権力者がもつ特別な道具ではなく、集落の半分近くが所持していた様子がみてとれる。石製短剣は武威を示すが、多くの人がもつことによって、特定の個人が力を独占しないカラクリとして用いられていたようなのだ。ヤマト周辺の縄文的な哲学を感じる。

考古学者の寺前直人は、弥生時代のヤマト周辺の銅鐸や石製短剣を「文明に抗う社会装置」と指摘し、北部九州など西方世界に対抗し、それまで継承された社会秩序を維持することに成功したとする（前掲『文明に抗した弥生の人びと』）。

また、弥生時代後期、文明と権力集中型の社会統合は、近畿南部を避けるように、東に拡大していったという。丹波から近江、東海地方が、富を蓄えていくのだ。

そしてヤマトは、権力の空白地帯だったと指摘した。ならば、富もない強い王もいないヤマトに、「この指止まれ」をするように、方々から人が集まってきたのは、略奪や征服の類だったのだろうか。そして、なぜ、もっとも富を蓄えていた北部九州が、出遅れたのだろうか。

ヤマト建国と東海地方の関わり

多くの考古学者はヤマト建国の中心に吉備（岡山県と広島県東部）が立っていたと考えている。前方後円墳の原型が吉備で生まれていたからだ。それが楯築《たてつき》弥生墳丘墓（岡山県倉敷市）で、墳丘上に並べられた特殊器台・特殊壺は、そのままヤマトに移入されている。確かに吉備がヤマト建国に関わっていることは間違いないだろう。

ただし、話はそれほど単純ではない。建国の気運を最初に高めたのは、東海地方だった可能性がある。

纒向の外来系の土器は半数近くを東海系が占めているが、ヤマト入りがもっとも早かったのも、東海地方の可能性が高まっている。奈良盆地の東南部に、纒向遺跡が出現するか、それより少し早い段階で、桜井市から天理市にかけて（「おおやまと」と呼ばれている）、東海系の土器が出現している。この地域でみつかる東海地方の土器の数は多いが、通説では、ヤマトの土器にあまり影響を与えなかったと考えられている。だが、愛知県埋蔵文化財センター副センター長の赤塚次郎は、纒向遺跡の初期段階では、話は別だったという（伊達宗泰編『古代「おおやまと」を探る』学生社、２０００年）。纒向で新たに作られた土器に東海地方の影響が見られる。つまり、権力の空白地帯で鉄器の過疎地帯だったヤマトに、まず東海勢力が乗り込み、これがきっかけとなって纏向遺跡が出現したと考えるのが自然だ。ところが、この仮説はなかなか注目されない。理由ははっきりとしている。邪馬台国論争がネックになっているのだ。

すでに述べたように、邪馬台国畿内説論者は、纏向が邪馬台国と考える。また、「魏志倭人伝」は北部九州沿岸部の南に邪馬台国はあったと言うが、「南を東に」読み替えることで、畿内説を補強した。問題は、3世紀半ば、卑弥呼が亡くなる直前、「倭国は南側に位置する狗奴国《くなこく》と戦闘状態に入った」と「魏志倭人伝」が記録したことにある。畿内論者にとって「倭国の南側は東側」のことだから、「纏向の卑弥呼」は東の勢力と争ったことになる。したがって、狗奴国を東海勢力とする説が有力視されたのだ。しかし東海の土器は3世紀初頭かその直前に奈良盆地の東南の隅にやってきて纏向誕生を促しているのだから、邪馬台国畿内説にとって大きな矛盾となる。だから、「おおやまとに出現し、影響を及ぼした東海勢力」を、無視せざるを得ないのである。

近江の伊勢から纏向へ丸ごと移動？

もうひとつ注目したいのは、前方後方墳のことだ。かつて、前方後方墳は前方後円墳を頂点とした古墳ヒエラルキーの2番手と信じられていた。ところが、考古学者の植田文雄が、新たな考えを示している。前方後方墳は前方後円墳とほぼ同時に近江（滋賀県）に誕生し（東近江市の神郷亀塚《じんごうかめづか》古墳）、東海地方（伊勢湾沿岸）にいち早く伝播していたことがわかってきた。しかも、纏向に生まれた前方後円墳が各地に受け入れられるよりも早く、前方後方墳が拡散していたというのだ（『「前方後方墳」出現社会の研究』学生社、２００７年）。

さらに、近江の霊山・三上山《みかみやま》の西麓の微高地にたたずむ弥生時代後期の伊勢遺跡（守山市と栗東《りっとう》市にまたがる）も、ヤマト政権の成り立ちを考える上で無視できない。東西約７００メートル、南北約４５０メートル、面積約30ヘクタールの巨大環濠集落だ。柵で仕切られた方形区画には、王の居館を筆頭に、大型の建物群がみつかっている。また、直径２２０メートルの円周上に30ほどの建物群が中心に向かって並んだ祭殿群もみつかった。吉野ヶ里《よしのがり》遺跡（佐賀県神埼《かんざき》郡吉野ヶ里町と神埼市）に匹敵するほどの弥生時代を代表する遺跡だったが、ヤマトに纏向遺跡が出現するころ、一気に衰退してしまう。戦争の痕跡もないのだから、疫病の蔓延か、あるいは、集団で移動した可能性を疑っておいた方がいい。そして、近江で生まれた前方後方墳が各地に伝播し、ヤマトにも出現していることや、近江で前方後方墳が誕生した同時期、東海地方でも前方後方墳が造営されていること、東海の土器がヤマトにいち早く流入している事実をどう考えればよいのだろう。近江・東海勢力が、ヤマト建国のきっかけを作ったのではなかったか。奈良盆地北東部を、和邇《わに》氏や春日氏ら、近江系の豪族が拠点にしていくのは、近江勢力が早い段階でヤマト建国に強い影響力を及ぼしていたからではあるまいか。

見過ごされてきた「タニハ」の重要性

近江・東海地方は、銅鐸文化圏を形成していた地域だ。銅鐸は強い王を生まないための祭器だった。しかも、弥生時代後期のこの一帯は、当初鉄器が不足していた。それにもかかわらず、なぜ彼らは突然勢いをつけたのだろう。

北部九州だけではなく、山陰地方や瀬戸内沿岸部が発展しつつあったが、そもそも近江と東海は、直接の接点がなかったはずなのだ。ところがここで、北近畿の「タニハ」が、意外な動きに出て、状況に変化が現れる。「タニハ」とは、古代の丹波（のちに丹後がわかれる）、但馬《たじま》、若狭の北近畿一帯をさしている。ヤマト建国のきっかけはタニハが作った可能性が高いのである。

金属器の交易や土器・人の往き来など考古学の物証から、タニハは弥生時代中期に瀬戸内海沿岸地域とつながっていたが、弥生時代後期になって、琵琶湖の水運を利用して、近江、東海との交流を深めていったことがわかってきた。

タニハはヤマト建国の直前、西側の出雲と日本海の覇権争いを演じていた。出雲で巨大化した四隅突出型墳丘墓《よすみとっしゅつがた》は越《こし》（北陸）に伝播したが、タニハはこれを拒絶し、独自の方形台状墓（方丘墓）を造り続けたのだった。

たとえば、弥生時代後期末（2世紀後半～末）に造られた赤坂今井墳丘墓（京都府京丹後市峰山町）の墓上祭祀に使われた土器には、東海系、北陸系、瀬戸内海東部系、畿内系（河内）なども混ざっていたが、山陰系の土器はみつかっていない。また、弥生時代後半には、方形台状墓に大量の鉄器が副葬されるようになった。鉄を輸入し、鉄製品を作っていたらしい。タニハは、海人の拠点（港）となる潟湖《せきこ》（ラグーン）にも恵まれていた。交易で栄えたことは間違いない。時代は下るが、4世紀初頭の袴狭《はかざ》遺跡（兵庫県豊岡市。旧但馬国）から出土した木製品に、外洋航海可能な準構造船15隻の大船団が描かれていた。日本海遠隔交易の様子を、今に伝えている。

また、タニハから大量の鉄器がみつかるようになって、タニハが北部九州や出雲と拮

地図１　「タニハ」と周辺の位置関係

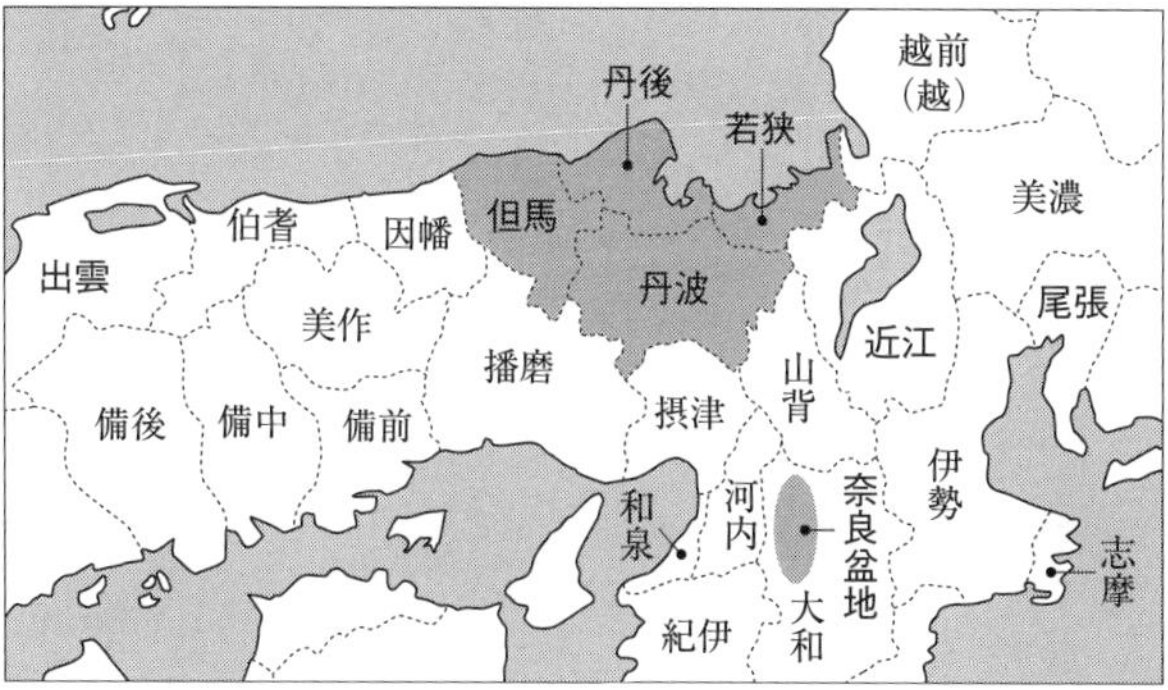

抗しうる勢力だったこともわかってきている。北部九州や出雲を経由せず、直接、鉄の産地＝朝鮮半島南部とつながったと考えられている。

　弥生時代後期後半、近江系の土器がタニハで増え始め、折衷土器（ふたつの地域の土器様式が混じった）も出現している。交流の道は琵琶湖西岸→若狭湾経由と、湖南→山背《やましろ》（山城）鴨川・桂川経由に分かれる。このため、山背にも近江系土器が増えている。また、この逆ルートで、タニハの土器が近江に流れ込んでいる。タニハの先進技術を携えた職人集団が、湖西に移動した痕跡もある。さらに、琵琶湖をジャンクションにして、北陸、伊勢湾沿岸部、ヤマト、摂津との間の往き来が活発化していた。そしてタニハは、近江、東海、近畿南部との間で、鉄や玉《ぎょく》の加工品を有利な形で交易していたようだ。

タニハと近江・東海をつなぐ証拠

先述した赤坂今井墳丘墓には、「被籠状突帯壺《ひかごじょうとったいつぼ》（植物で編んだ籠で壺を包んだように見せた土器）」（47頁写真）という非常に珍しい一品がみつかっているが、これは東海以東で出土することがあり、東海地方に似た壺が存在することから、東海からもたらされたと考えられている。京都府埋蔵文化財調査研究センターの高野陽子はこの壺を重視する。

激動の邪馬台国時代、日本海交易において山陰と対峙した丹後の大首長が地域間関係を模索するなかで、東方の要であった東海の地域勢力と連携したことを物語る貴重な資料と言える（『丹後・東海地方のことばと文化～兄弟のようなことばを持つ両地方～』京丹後市教育委員会、2015年）

タニハと近江、東海をつなぐ証拠は、まだ他にもある。

タニハで作られていた方形台状墓が近江や東海地方で前方後方墳に変化した可能性も

指摘されている。方形台状墓と初期の前方後方墳の共通項は、主墳が方形（四角形）で、副葬品に、鉄短剣、ガラス玉、破砕鏡をともない、土器破砕祭祀も継承され、前方部で儀礼が行われていた可能性が高いことだという（前掲『「前方後方墳」出現社会の研究』）。

「被籠状突帯壺」には東海地方の影響が見られる（京丹後市教育委員会提供）

ところで、タニハにある丹後国一の宮は籠《この》神社（京都府宮津市）で、宮司を務めてきた一族は、東海の尾張氏の系統だ。丹後と東海地方は太古から強くつながっていた。方言（丹後弁と尾張弁）も、そっくりだという指摘がある。「ウミャア（おいしい）」「アキャア（赤い）」が、代表例だ。一方、丹後と丹波は、同じ「丹波国」だったが、方言は異なっていて、南側の内陸部の丹波は京都のことばに近い。ところが丹後弁は、尾張弁と似ているのだ。

強い王が生まれることを嫌った銅鐸文化圏（近江と東海）の人々は、タニハとつながることによって富を蓄え、ヤマトに進出したのだと筆者は見る。そして、タニハ＋近江＋東海勢力（タニハ連合）が、もうひとつの交易の大動脈・瀬戸内海に睨みをきかす天然の要害・奈良盆地に進出したことで、瀬戸内海勢力と日本海勢力のそれぞれの雄である吉備と出雲も、あわててヤマトに乗り込んできたのではないか。纏向遺跡で、ヤマト建国の気運は、一気に高まったわけである。

第3章　神話から解くヤマト建国——神武と応神は同じ人

『日本書紀』を手掛けたのは藤原不比等

前章で見たように、考古学はヤマト建国の詳細を明らかにしつつあるが、限界もある。考古学だけでは「人の息づかいが聞こえてきそうな歴史」は、再現できない。だから、考古学と『日本書紀』の神話やヤマト建国説話を、どうにかして融合させる必要があると思う。「それは無理!!」と、今まで考えられてきた。しかし、あきらめる必要はない。6世紀以前の『日本書紀』の記事はあてにならないというが、それは、見る目が曇っていたからではないか。視点を変えるだけで、歴史は再現できると思う。考古学が多くの知見を与えてくれたのだから、これまで絵空事と信じられてきた神話やヤマト建国の説話と、照らし合わせてみることだ。これまで史学者が真剣にやってこなかった作業である。

そこで改めて、神話部分から読みなおしてみよう。

明治維新から敗戦に至るまで、「天皇」は神聖視されたから、『古事記』や『日本書紀』の神話が重視され、天皇の正統性を裏付ける「歴史」として語られていた。だから、津田左右吉が「神話は歴史ではない」と批判すると、昭和15年（1940）に皇室の尊厳を傷つけるなどと訴えられてしまった（最終的に免訴となったが、四著作が絶版となり、早稲田大学教授の職も追われた）。

戦後になると、今度は反動から、神話は教科書から消えてしまった。歴史として正確ではないかもしれないが、まったく教えないというのも、行きすぎだと思う。神話の中には民族の遠い記憶が、残されているかもしれないからだ。

そして、問題なのは、「神話と歴史を混同してはならない」という不文律が、史学界を必要以上に強く縛ってしまったことだ。津田史学を継承した直木孝次郎は、神話を、「天皇家による日本統一の確立という政治目的に奉仕するように改作された政治的物語」と指摘した（『日本神話と古代国家』講談社学術文庫、1990年）。こうして、神話は軽視されていった。

たしかに、神話には古代の権力者の思惑がからんでいただろう。しかし、「『日本書紀』は天皇のために書かれた歴史書」という固定観念からして、もはや陳腐だと思う。このあたりのボタンの掛け違いが、古代史を謎だらけにしている原因なのだ。

神話は、天皇家のために書かれたわけではない。「本当の権力者」が自身の目的のために手がけたと考えるべきだ。たとえば哲学者の上山春平は、権臣・藤原不比等《ふじわらのふひと》が『日本書紀』編纂の中心に立っていたことに着目した。名門豪族を押しのけて藤原氏が権力者の地位に立つための素地を不比等がつくり、藤原氏の正当性を主張するために『日本書紀』を編纂したと指摘した（『神々の体系』中公新書、1972年）。これこそ卓見というべきだ。

中国の歴代王朝は、前王朝の歴史書を編纂した。前王朝の腐敗と新王朝の世直しを記録し、新政権の正当性を主張したのだ。一方、『日本書紀』が編纂された西暦720年ごろ、日本の王家は安泰だった。ただし、物部氏、蘇我《そが》（葛城《かつらぎ》）氏、阿倍氏、三輪氏ら、古代の名門豪族は、次々と衰退していった。彼らを踏みつぶし、生き残ったのが藤原氏であり、実権を旧勢力から奪い取った。これはある種の政権交代であり、藤原不比等はその正義を証明するために『日本書紀』を編んだという図式が描ける。『日本書紀』は7世紀の蘇我入鹿《いるか》を大悪人に仕立て上げている。蘇我入鹿暗殺事件の主犯は不比等の父、中臣鎌足《なかとみのかまたり》だ。不比等は父の正義を証明し、業績を顕彰するために、『日本書紀』を書いたと考えられる。『日本書紀』の神話部分も、天皇家の正統性を証明するために描かれたわけではないだろう。神話を無視することはできないというのは、8世紀の権力者＝藤原不比等が、「歴史を改竄《かいざん》するテクニックのひとつ」として神話を利用した可能性が残されているからだ。

重要地域を完全に無視

『日本書紀』の神話部分は宇宙の混沌から始まり、天孫降臨、海幸山幸神話、神武東征、ヤマト建国までを描いているが、考古学がヤマト建国のあらましを解き始めて、ようやく神話の意味もわかってきたと思う。注目すべきはヤマト建国に大きな意味を持っていた地域のほとんどを、神話は無視しているという点だ。タニハ、近江、尾張（東海）、吉備、そして、北部九州はほとんど神話に登場しない。神話の舞台は、出雲と南部九州である。しかし、このうち実際にヤマト建国にかかわりを持っていたのは出雲だけだった。つまり、ほぼピンポイントで、神話はヤマト建国の要素を排除している。これは意図的だろうし、歴史としてとらえるなら『日本書紀』は非常に悪質である。

そこでまず、神話部分のおおまかな流れだけを説明しておこう。正史『日本書紀』の神話を追ってみる。

混沌の中から、国常立尊《くにとこたちのみこと》ら三柱《みはしら》の造化《ぞうか》の神が生まれた。さらにイザナキ（伊弉諾尊《いざなきのみこと》）とイザナミ（伊弉冉尊《いざなみのみこと》）のペアまでを、神世七代《かみのよななよ》という。イザナキとイザナミは天浮橋《あまのうきはし》に立ち、天之瓊矛《あまのぬほこ》をおろしてかき混ぜ、国土を作っていく。最初に生まれたのは淤能碁呂島《おのごろしま》（実在しない）で、ここに立って大八洲国《おおやしまのくに》（日本列島）、さらに、海、川、山、樹木、草、日神《ひのかみ》（大日孁貴《おおひるめのむち》、天照大神《あまてらすおおみかみ》）、月神《つきのかみ》（月読尊《つくよみのみこと》）、スサノヲ（素戔嗚尊《すさのおのみこと》）を生んだ。大日孁貴は光り輝いていたので天上界（高天原）に送り、乱暴者のスサノヲは根国《ねのくに》に追いやった。ところがスサノヲは、姉のアマテラス（ここから大日孁貴の名は出てこない）に逢いたいと天上界に上った。

この後スサノヲは暴れ出したため、アマテラスは天《あま》の岩戸《いわと》に隠れてしまう。八十万《やそよろず》の神々の活躍で、アマテラスは表に出てくるが、スサノヲは追放されてしまう。舞い下りたのは出雲で、ここからスサノヲは、めざましい活躍を始める。八岐大蛇《やまたのおろち》を退治し、草薙剣《くさなぎのつるぎ》を獲得し、出雲を建国して根国に去る。

一方アマテラスは、息子を地上界の王にしようと、出雲に神を派遣して、国譲りを迫る。出雲の大己貴神《おおあなむちのかみ》（大国主神《おおくにぬしのかみ》）の子の事代主神《ことしろぬしのかみ》が国を差し出すことを約束すると、出雲の神々は姿を消していった。その後、アマテラスの孫の天津彦彦火瓊瓊杵尊《あまつひこひこほのににぎのみこと》が、高千穂（宮崎県と鹿児島県の県境にある高千穂峰と宮崎県西臼杵《にしうすき》郡高千穂町の２説あり）に舞い下りた。いわゆる天孫降臨だ。この後、その末裔は日向（宮崎県と鹿児島県の一部）で暮らし、天津彦彦火瓊瓊杵尊の曾孫の神日本磐余彦尊《かむやまといわれびこのみこと》（神武）が、東に遷《うつ》り、ヤマトは建国されたというのである。

この神話、どのように読み解いていけばよいのだろう。

天孫降臨の後に向かった「鹿児島県の野間岬」

『日本書紀』の記事で信頼できるのは、推古《すいこ》天皇（在位５９２〜６２８年。聖徳太子の時代）からあとと、史学者は考えている。神話部分は、創作かプロパガンダにすぎないと、切り捨てられてきたのだ。神武東征説話も、「南部九州ではなく、北部九州からヤマトに遷った」と、考えられてきた。少なくとも、８世紀の『日本書紀』編纂時には、ヤマト建国の詳細は知られていなかっただろうと信じられている。しかし、知っていたからこそ、わからない振りをしていたという可能性も疑っておいた方がいい。

すでに述べたように、考古学が示すヤマト建国の肝心な場所は、『日本書紀』の記事から抜け落ちている。かと思うと、考古学とぴったり合う記述もある。ヤマト建国後、出雲と山陰地方（タニハも含む日本海勢力）は急速に衰退したことがわかっているが、これは出雲の国譲り神話を思い起こさせる。

もうひとつ、『日本書紀』の記述が考古学と重なるのは、「複数の地域の人々が集まってきて、ヤマトは完成した」という点だ。ナガスネビコ（長髄彦）、ニギハヤヒ（饒速日命）、神武の順番に、ヤマトに集まってきたと書かれている。

さらに、史学者の間では、初代神武天皇と第10代崇神《すじん》天皇は同一人物とみなされている（どちらもハツクニシラス天皇＝はじめて国を治めた天皇と呼ばれていることなどから）。天皇家の歴史を古く見せかけるために、ひとりの人物を２つに分解したと考えられているのだ。『日本書紀』では、崇神天皇が、纏向の周辺に宮を建てたと書かれているが、これも、ヤマト建国の経緯が重なっているところである。

加えて無視できないのは、天津彦彦火瓊瓊杵尊が高千穂に舞い下りた直後、歩いて笠狭碕《かさのみさき》（鹿児島県南さつま市笠沙町《かささちょう》の野間岬）に向かったという記述だ。天上界から山に降りたというのは神話にしても、「次の一歩が野間岬だった」という話にはリアリティがある。

　野間岬には天然の良港が備わり、また、南西諸島から北部九州に向かって、弥生時代に「貝の道」が完成していて、南西諸島でとれる貝殻を装飾品にして交易していた。九州西岸に沿って北部九州、日本海に続くルートだ。そして、野間岬が格好の止まり木になっていたと思われる。江戸時代に、長崎へ向かう中国の船は、野間岬から続く半島の根っこにそびえ立つ野間岳を目指して航海したという。野間岬は、海人にとって大切な場所だったのだ。

「ならば、天皇家の祖は渡来系なのか」

と、早とちりされては困る。『日本書紀』によると、神武天皇の母と祖母は、どちらも海神の娘とされている。要は九州時代の王家は、同地の海人に囲まれて暮らしていたことを暗示している。神武天皇はヤマト入りしたあと、畝傍山の山麓・橿原の地に宮を建てているが、その周辺には、大伴氏ら九州から従ってきた海人と関わりの深い人たちが集住していた。しかも、神武の親族の海神は、阿曇《あずみ》氏が祀る神だった。阿曇氏といえば、奴国《なこく》（福岡市と周辺）を拠点にした日本を代表する海人なのだ。「海人の社会で育てられた王家」が、海人にとって大切な野間岬にやってきたという話、ただの作り話とも思えない。この設定を選択したのは、何かしらの意図があったはずだ。ヤマト建国に九州がほとんど関わっていないことがわかった現代の目で見ると、あえて王家の祖と九州の海人をつなぎ合わせた『日本書紀』の態度に、「大きな秘密のありか」を感じるのである。

白旗をあげた北部九州

『日本書紀』の編者は、ヤマト建国の歴史を知っていたのに、真相の一部を隠匿してしまったのではないか……。貧しかったヤマトが急成長し、富と力を蓄えていた北部九州が、ヤマト建国に乗り遅れたのはなぜか。北部九州の考古学に注目しよう。

ヤマト建国の前後、多くの人々が北部九州に流れ込んでいたことがわかっているが、その受け皿はまず奴国周辺だった。奴国は弥生時代後期の日本を代表する国で、後漢から金印を授かったことで知られている。それが、志賀島《しかのしま》（福岡市東区）の金印だ。江戸時代、偶然農民が掘り当てた。

もう一か所、ヤマトの人々がなだれ込んでいたのは大分県日田《ひた》市で、盆地の高台の一等地に、政治と宗教に特化した環濠集落が出現し、近畿や山陰の土器が持ち込まれている。日田は北部九州勢力にとって弁慶の泣き所で、東側の勢力にここをおさえられたら、身動きがとれなくなる。筑後川上流の渓谷をさかのぼった場所で、天然の要害であるばかりか、日田の軍団に船で下って来て急襲されたら、筑紫平野の勢力は大きな被害を受けただろう。地政学上の要衝は、時代が変わっても重視され、徳川幕府も、ここを天領にして、北部九州に楔を打ち込んでいる。

奴国をおさえられ、日田を取られたところで、北部九州は挟み撃ちにされた形で、ヤマトに白旗をあげざるをえなかっただろう（地図2参照）。

弥生時代後期の近畿地方南部が鉄の過疎地帯だったことはすでに述べた。これは近畿南部の人々が文明を拒んだことも理由のひとつだろうが、もう一点、北部九州が「奈良盆地の発展を恐れた」ことも理由として考えられる。北部九州は朝鮮半島に近く、壱岐《いき》、対馬《つしま》という止まり木があり、しかも優秀な海人たちが活躍していたから、大量の鉄器を保有していた。しかし、東側から攻められると守りにくいという地政学上の弱点を抱えていた。ひとたび奈良盆地に巨大勢力が出現すれば、太刀打ちできないし、朝鮮半島との通り道になる北部九州は、飲み込まれてしまうと考えていたのだろう（共存はむずかしい）。

地図2　北部九州の地政学

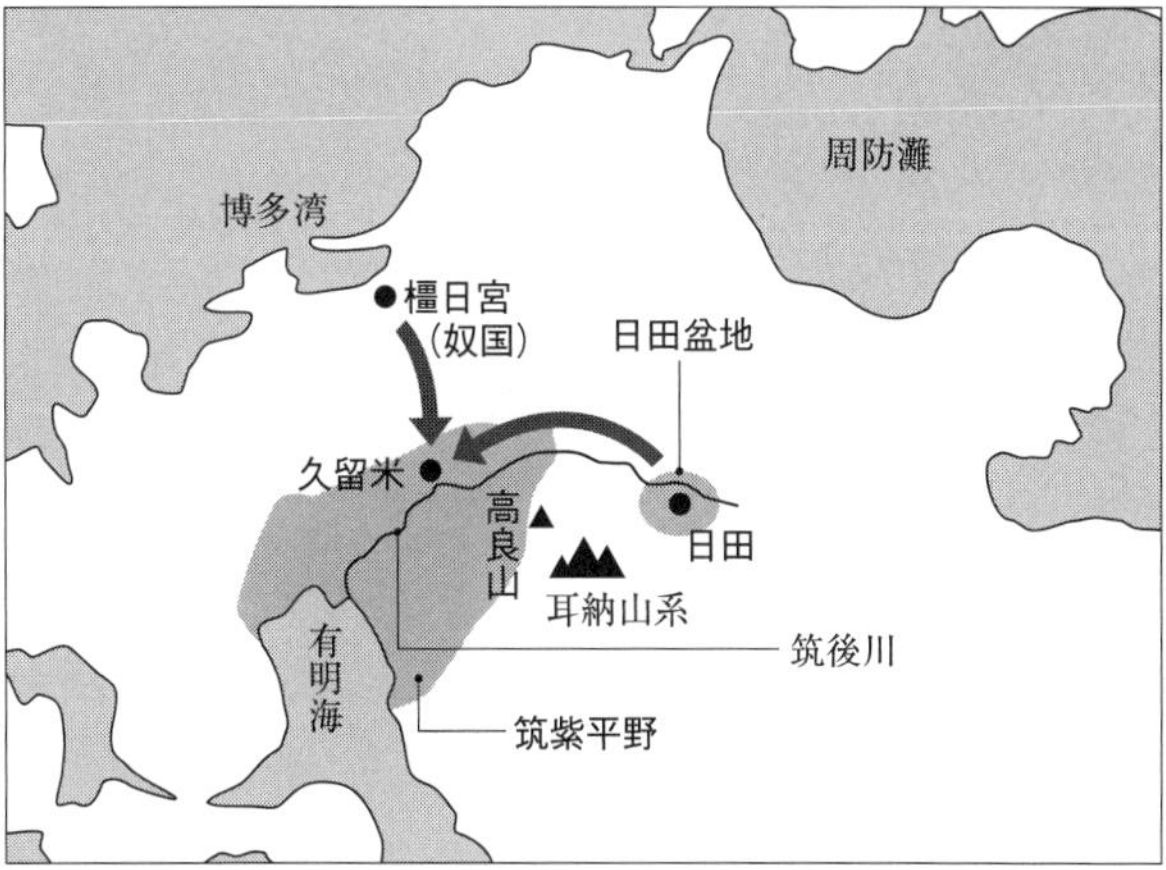

実は北部九州勢は当時、淡路島までは鉄を送り込んでいる。これは淡路島を味方につけて、ヤマト=近畿南部を封じ込めるためだと考えられる（拙著『始まりの国』淡路と「陰の王国」大阪』新潮文庫、2018年）。神話の中で最初に淡路島が生み落とされたのは、明石海峡がヤマト建国後真っ先に奪取すべき場所だったからではないか。逆に言うと、淡路島は東側の勢力を閉じ込めるフタと考えられていたのだ。

もうひとつ付け足しておくと、北部九州が「最悪の事態」と想定していた通り、奴国と日田盆地を奪われてしまったわけで、そうなると、身を守るために必要となったのは、高《こう》良《ら》山《さん》（福岡県久留米市）だった。筑紫平野が一望できる戦略上の要衝だ。この山に立てこもれば、耳納山系《みのうさんけい》の西のはずれだから、敵に包囲されることもなかった（兵粮《ひょうろう》が尽きない）。中世戦国時代に至るまで、この山は戦略的に重視されていたことからもその重要性がわかる。山の中腹一周を、神籠石《こうごいし》が並んでいて（現存するのはわずか）、古代の土塁の基礎部分と考えられている。北部九州の歴史を考える場合、奴国（博多湾）、日田盆地、高良山の3つが重要になってくるので、よく覚えておいてほしい。

このように、神話にいう天皇家の故郷・九州には、いくつもの謎が隠されていて、それを解き明かすためのキーワードもわかってきた。「海神（海人）」「貝の道」「野間岬」「奴国」「日田」「高良山」だ。ここから、何がわかるのだろう。北部九州を組みこんだヤマト建国をめぐる大きな仮説を用意しようと思う。

『日本書紀』で神功皇后の半生を追ってみる

史学の通説は初代神武と10代崇神を同一とみなすが、筆者は別の考えをもつ。二人は別人で、しかも神武（紀元前数百年）と第15代応神《おうじん》天皇が同一人物とみる。あまりに時空のかけ離れた二人だが、『日本書紀』は応神の母・神功《じんぐう》皇后の時代に「魏志倭人伝」

の邪馬台国の記事を引用している。『日本書紀』は、「神功皇后は卑弥呼かもしれない」と言っていたのだ。この記事を笑殺し無視してきたこれまでの常識こそ、疑ってかかるべきではあるまいか。

3世紀にヤマト、東海、山陰の人々は、こぞって北部九州に押しかけていた。しかも彼らは、奴国と日田に拠点を構えて北部九州を圧迫したが、これは、神功皇后の行動と瓜二つだ。『日本書紀』は神功皇后の前にヤマトタケル（仲哀《ちゅうあい》天皇の父）も単身九州に赴いたと言っているが、神話じみていて具体性に乏しく、考古学の指摘とはまったく合致しない。物証が示す「戦略的な九州征討」は、『日本書紀』の示す神功皇后の行動と、気味の悪いほど合致している。考古学の示すヤマト建国を、そっくりそのまま神功皇后と応神天皇が演じていたとしか思えない。

また、応神は九州で生まれたのち、瀬戸内海を東に向かうと、ヤマトで政敵が待ち構えていたが、これは神武東征にそっくりだ。応神天皇は日向の女性を娶り、明宮《あきらのみや》（奈良県橿原市）で亡くなっているが、これも神武天皇の姿と重なって見える。神武天皇をヤマトに誘った塩土老翁《しおつちのおじ》は、応神をヤマトに導いた武内宿禰《たけのうちのすくね》とそっくりだ（拙著『蘇我氏の正体』新潮文庫、２００９年）。

つまり、初代神武天皇、第10代崇神天皇、第15代応神天皇と、ヤマト建国説話は、3回にわたって語られていたとしか思えないのである。

『日本書紀』編者には、歴史を抹殺するしっかりとした動機があったと思う。以下、『日本書紀』の記述を引きながら、その理由を説明していく。まず、神功皇后の半生を個条書きにしておこう。

①神功皇后の名は「息長帯比売命《おきながたらしひめのみこと》」で、「息長」は、近江国坂田郡の地名。神功皇后は第9代開化《かいか》天皇の曾孫・息長宿禰王《おきながのすくねのおおきみ》と葛城高額媛《かずらきのたかぬかひめ》の間の娘で、『古事記』には、アメノヒボコ（日本に来朝した新羅国王の子）の6世の孫とある。また崇神天皇がヤマト黎明期の王とする通説に従えば、アメノヒボコは、ヤマト建国前後の人だと考えられる。

②九州征伐に当たり、神功皇后は日本海から、夫・仲哀天皇は瀬戸内海から西に向かい、穴門豊浦宮《あなとのとゆらのみや》（山口県下関市）で合流した。

③仲哀天皇と神功皇后は穴門豊浦宮に約6年滞在したあと、北部九州に向かう。すると、沿岸部の首長が恭順してきた。岡県主《おかのあがたぬし》（福岡県遠賀郡芦屋町）と伊《い》都県主《とのあがたぬし》（福岡県糸島市）だ。そのあと仲哀天皇らは、儺県《なのあがた》（福岡市。奴国）の橿日宮《かしひのみや》（香《か》椎《しい》宮）に入った。

④橿日宮滞在中、仲哀天皇は住吉大神《すみよしのおおかみ》の命令を無視したため、急死する。その死は秘匿

されたまま、神功皇后は南に進軍し、松峡宮《まつおのみや》（福岡県朝倉郡筑前町）に遷り、山門県《やまとのあがた》（福岡県みやま市）の土蜘蛛・田油津媛《たぶらつひめ》（女性の首長）を討って、征討戦を終えた。

⑤神功皇后は海を渡り新羅征討に向かう。この時産み月に当たっていたが、腰に石をはさみ、出産を遅らせた。

⑥新羅征討を終えた神功皇后は、九州の宇瀰《うみ》（福岡県糟屋郡宇美町）で応神を生んだ。

⑦翌年、ヤマトを目指して東に向かうが、応神とは腹違いに当たる仲哀天皇の遺児二人（麛坂王《かごさかのみこ》と忍熊王《おしくまのみこ》）が、「幼い皇子（応神）を擁立するつもりだろう」と、東国の兵を繰り出し、播磨に陣を敷いて立ち塞がった。

⑧神功皇后は応神を忠臣・武内宿禰に預け、紀伊水門《きのくにのみなと》（紀伊の港）に向かわせた。

⑨忍熊王らは菟道《うじ》（京都府宇治市）に陣を敷いて戦いを挑んだ。しかし武内宿禰は和珥《わにの》臣《おみ》（和邇氏・近江系）の祖・武振熊《たけふるくま》に命じて、彼らを討たせた。

邪馬台国を潰すまで

この神功皇后の半生が、考古学が解き明かしたヤマト建国の経緯とことごとく重なってくるのだ。前述①から⑥について、筆者の考えを説明していこう。

①『日本書紀』では、神功皇后の先祖・アメノヒボコは、ヤマト建国の前後にタニハを拠点にして方々を走り回ったとされている。一方で神功皇后も近江や但馬といった「タニハ連合」の地縁と人脈に囲まれていた。神功皇后は角鹿《つぬが》（福井県敦賀《つるが》市）から日本海沿岸づたいに九州（熊襲《くまそ》）征討に向かったが、角鹿もアメノヒボコと関わりが深い。活躍した時代が異なる神功皇后とアメノヒボコだが、なぜか足跡がぴったり重なっている（三品彰英『増補　日鮮神話伝説の研究　三品彰英論文集第4巻』平凡社、1972年）。

すでに触れたように、ヤマト建国のきっかけは、タニハが近江や東海に文物を流したことにある。その上で、近江や東海の人々をヤマトに導き、西側に対抗できる勢力を作りあげた。その腕利きの黒幕、敏腕プロデューサーがタニハに存在したはずで、歴史を眺める限り、アメノヒボコの他に候補がいない。そして、神功皇后が近江から日本海を九州に向かったこと、アメノヒボコとよく似た行動をとっていることは、無視できない。ヤマト建国前後の人々の流れと一致する。

②これは④とも関係するが、「仲哀天皇は瀬戸内海から、神功皇后が日本海から西に向かった」という『日本書紀』の設定は、ヤマト建国後の主導権争いを暗示していると考えられる。

③穴門豊浦宮で仲哀天皇と神功皇后が６年も長期逗留したのは、日田奪取に時間を要したからだと考えると説明がつく。そして北部九州の多くの首長は、日田を奪われた瞬間に観念して、一気に寝返ってきたのだろう。これも考古学と一致する。

橿日宮に拠点を置いたのは、偶然ではない。福岡平野の東北の隅の海岸線に近い高台で、福岡市を他勢力が支配し、なおかつ補給路を確保するには「ここしかない」という要衝なのだ。だからこの「物語」「設定」は、単純な創作とは思えない。ヤマト側から北部九州を支配するとすれば、日田、高良山、橿日宮の３つをおさえる必要があるが、その３か所すべてに、神功皇后の伝説がいまだに色濃く残っているのは、偶然ではない。この一帯の伝説は、神功皇后、応神天皇、武内宿禰で埋め尽くされている。

④仲哀天皇は「住吉大神」の命に逆らって急死した、とされている。一種の不審死だ。これは内紛だろう。考古学は、「ヤマト建国後に山陰一帯（出雲とタニハ）が一度没落していた」ことを突きとめている。瀬戸内海からやってきた仲哀天皇の変死は、日本海勢力との死闘の始まりを示しているのではないか。北部九州で、利害がぶつかったのだろう。

もうひとつ、神功皇后が山門県の女首長を討ち取ったと書かれていることは、古代史の謎を解く大きなヒントだ。山門県は邪馬台国北部九州説の最有力候補地だから、「ヤマトの邪馬台国潰し」だと想定するとわかりやすい。実はすでに江戸時代、国学者の本居宣長は、九州の卑弥呼が本当の邪馬台国＝ヤマトを出し抜き、「ヤマト（邪馬台国）」を名乗り、魏に朝貢し、親魏倭王の称号を獲得してしまったと推理していた。この説は「天皇が中国に朝貢をするわけがない」という発想が基層にあったため、左翼史観が強かった戦後はその点が嫌われて打ち捨てられてしまったが、結局はこれが正解だったと思う。いつの間にか窮地に陥った北部九州勢力が、外交戦によって逆転しようと目論んだのだろう。そこでヤマトは、神功皇后をさし向け、一気に山門県（邪馬台国）を潰してしまったということになる。

落ち目だった奴国の役割

⑤⑥神功皇后は産み月を遅らせ、仲哀天皇の亡くなった十月と九日後の12月14日に、応神を生み落とす。仲哀はその前日に体調を崩していたから、実質的に十月十日となる。『日本書紀』の中で、「誕生日」を明記されるのは異例中の異例である。

なぜそのようなことを書いたか。応神の父親が仲哀天皇だったことを、念押しするためだと考えられる。これは、『日本書紀』のアリバイ工作で、藪蛇だと思う。

仲哀天皇の死因は住吉大神の命令を無視したことだったが、その晩、神功皇后と住吉大神は夫婦の密事をしたと住吉大社（大阪市住吉区）は伝えている（『住吉大社神代記』）。史学者の多くは、この類の神社伝承を無視するが、『日本書紀』の「十月十日」証言と重ねてみると、やはり引っかかる。『古事記』によれば、住吉大神のお告げのあった場にいた生身の男は蘇我氏の祖の武内宿禰だけだった。つまりこちらが本当の父親であることを隠すために、わざわざ余計な記述をしたと考えてみるほうが自然である。

そして、『日本書紀』がヤマト建国の真相を闇に葬ったのは、この一点を抹殺したかったからではないか。住吉大神と武内宿禰が同一だったという話は、拙著『蘇我氏の正体』の中で、詳しく述べたのでここでは省く。

しかし応神天皇の父親が蘇我氏の祖という事実は、ライバルにあたる藤原氏にとっては都合が良くない。何としても隠し通す必要があっただろう。『古事記』は武内宿禰の末裔が蘇我氏だったと明記しているのだが、『日本書紀』が黙殺しているのはそのためだ。

⑦⑧⑨応神と神武の東征劇は、よく似ている。紀伊半島に一度迂回したところも、そっ

くりだ。問題は、なぜ神武は南部九州からやってきたのかで、ここが難問だ。しかし、ヒントがある。仲哀天皇と神功皇后が豊浦宮から西に向かったとき、北部九州沿岸部の首長が恭順してきたとあるが、奴国(儺県)の首長が『日本書紀』には登場しない。ヤマト建国の前後、奴国は隣国の伊都国に圧倒されつつあった。そこで落ち目の奴国は、ヤマトと手を組んだのではないか。奴国が神功皇后らを手引きして自国の橿日宮に招き入れたのだろう。奴国の磯良丸《いそら》なる人物を神功皇后が重用したと伝わる。神功皇后は明らかに奴国を頼りにしている。

一方卑弥呼は奴国を軽視し、伊都国を重視している(「魏志倭人伝」)。それは、ヤマトの神功皇后が奴国を拠点にして邪馬台国と対峙していたからだろう。「われわれがヤマト(邪馬台国)」と嘘をついている卑弥呼も、それを攻めている神功皇后も、魏に対しては、神経をすり減らしただろう。卑弥呼は魏に「南の狗奴国と闘っている」と訴えているが、それは「本物のヤマトが東から攻めてきた」とは、口が裂けても言えなかったからではないか。

こうして神功皇后は奴国と手を組んで邪馬台国を滅ぼした。

さて神武天皇が南部九州からヤマトに向かった話とこの一連の流れはどのようにつな

がってくるだろうか。

奴国はこのあと没落し、伊都国が繁栄していたことが物証から確かめられている。そして奴国王は志賀島に金印を捨てるように埋めている。

もう一か所、日田市のダンワラ古墳から出土したとされる金銀錯嵌珠龍文鉄鏡《きんぎんさくがんしゅりゅうもんてっきょう》は、後漢の王族しか持つことができなかった貴重な鏡だが、こちらも捨てたように埋もれていたという。これが奴国王とつながっているとする説がある。

九州国立博物館文化交流展示室長（当時）の河野一隆は、後漢からお宝をもらえたのは奴国であり、奴国王が伊都国との戦いに敗れ志賀島に金印を埋めて、さらに金銀錯嵌珠龍文鉄鏡を日田にもちこんだのではないかと推理した（西日本新聞、２００７年11月６日）。奴国が伊都国に敗れた可能性は考古学的に見ても高いのだが、ここに、ヤマト政権内部の、「日本海 vs.瀬戸内海」の主導権争いがからんでいたはずだ。そして、奴国と日田に、後漢からもらい受けたお宝が眠っていたところがミソだと思う。神功皇后が北部九州を支配するためには、奴国と日田を押さえる必要があったからだ。そして、奴国の海人の貴種と神功皇后らは、瀬戸内海勢力に追われ、有明海に逃れ、野間岬（笠狭碕）にたどり着いたのだろう。その末裔が神武（応神）天皇である。

敗れた王がなぜヤマトの王に立ったのか

ならば、なぜ南部九州に逃れた神武が、ヤマトを目指すことができたのだろう。ヒントを握っていたのは、史学者が実在の初代王と認める崇神天皇だと思う。応神の5代前にあたる。

崇神の時代（ヤマト黎明期）のこと。疫病が蔓延し、人口は半減したと『日本書紀』は言う。占ってみると、大物主神《おおものぬしのかみ》の意志とわかった（出雲神の祟りである）。大物主神は「私の子を探してきて私を祀らせれば、鎮まる」というので、神の子・大田田根子《おおたたねこ》をみつけた（三輪氏の祖）。こうして疫病は鎮められ、国は豊かになった……。

なぜ崇神天皇が、大物主神の怒りを買ったのだろう。史学者は見向きもしない「神話」だが、これが無視できない。

大物主神は「日本海（山陰）の神」だから、日本海勢力（神功皇后ら）が瀬戸内海勢力に追い落とされたことを、恨んでいたのだろう。だから、日本海の怒りを鎮めるために、神の子を連れてくる必要があった。『日本書紀』はそれを大田田根子というが、その正体が神武天皇ではなかったか。三輪山の山頂に祀られるのは、大物主神でも大田田根子でもなく、日向御子《ひむかのみこ》で、通説は、「太陽信仰の神（日を向いているから）」というが、日向御子の「御子」は童子で、古代人は子供を鬼のような霊威をもつと信じていた。だから、日向御子も怒る神だ。ここは素直に、「（南部九州の）日向で荒ぶっていた貴種＝神武」と考えたらどうだろう。つまり、ヤマトの王は、始め崇神天皇だったが、疫病の猛威に恐れをなし、祟り神を唯一なだめすかすことができる人物を、連れてきたのではなかったか。日向に逼塞《ひっそく》し零落《れいらく》していた、日本海勢力の貴種である。

崇神天皇の母は物部系だったと『日本書紀』は言うが、これは「ほのめかし」で、崇神自身が物部系だったと思われる。つまり、神武がヤマトに入ったとき君臨していたのは物部氏の祖のニギハヤヒで、彼が崇神の正体だろう。物部氏の拠点は大阪府八尾市付近だが、この一帯から、3世紀の吉備系の土器が出土している。物部氏は瀬戸内海勢力を代表する者だったのだろう。

物部系の歴史書『先代旧事本紀《せんだいくじほんぎ》』は、ヤマトの祭祀は物部氏が整えたと記録している。これはまんざら誇張ではない。神話の出雲の国譲りの主役は物部系の経津主神《ふつぬしのかみ》で、また歴史時代に入っても、出雲（日本海）を成敗するのは物部系なのだ。物部氏こそ、古墳時代のヤマト政権の中枢に屹立した巨人だった。おそらく、ニギハヤヒは日本海勢力を圧倒したあと、強い王を目指したのだろう。しかし、疫神に追い詰められ、神武を呼び寄せ、祭司王に立てたと考えられる。もちろん物部氏は、政治の主導権は手放さなかっただろう。

残念ながらこれらの仮説は、古い常識に縛られた人々には、なかなか受け入れられないだろう。しかし、たとえば神武天皇の母と祖母は、奴国の阿曇系の海神の娘で、その奴国に拠点を構えたのが神功皇后だった。しかもくどいようだが、『日本書紀』は「神功皇后は邪馬台国の時代の人」と認めている。

要は、『日本書紀』の「歴史改竄トリック」にみな騙されていたのだ。また、『日本書紀』と考古学の指摘を照らし合わせる作業を、怠ってきたのだと思う。「文献」「考古」それぞれの縄張りを侵さないという不文律が、歴史解釈の発展を妨げてきたし、邪馬台国論争にうつつを抜かしてきたから、見えるものも見えなくなってしまったのだ。しかし、考古学がさらに進捗すれば、いずれ、ヤマト建国の「小説のような面白さ」は、多くの人々に理解していただけると思う。

第４章　日本海勢力の王・継体天皇と物部氏の暗闘

ヤマト政権の二重構造

前章までで見たように、ヤマト（倭）国は、黎明期には多くの地域の集合体だった。そして、多くの首長たちの手で、王が担ぎ上げられた（天皇家の祖）。考古学者の松木武彦は、倭王の存在を「お互いの利害をうまく調整して対立を避け、物資取得のためのさまざまな活動を共同で行なうための、対外的な旗印となる人物」といい、それが神格化されたという（前掲『列島創世記』）。調整役だが、当初は祭司王の側面が強かったと思われる。決して征服者や独裁者ではなかったにもかかわらず、倭王誕生によって、弥生時代後期の「倭国大乱」は魔法のように収まった。

ヤマト建国とともに巨大な前方後円墳が造られていくが、これはヤマトの王の権力の大きさとは比例しない。ならば、なぜ大きいのかというと、ひとつの理由に、ヤマトやそこに最初に乗り込んできた東海や近江が銅鐸文化圏だったことが大きい。すでに述べたように、銅鐸が巨大化したのは、強い王に威信の基となる財を独占させないためだった。突出した権力者が生まれない文化の中で、大勢で祀りを行うという文化が、巨大墳墓の造営という形につながっていったと考えられている。そして、この古墳体制は、6世紀末から7世紀初頭まで続いていくのだ。

ただ、通説が指摘しないのは、建国時から抱えたヤマト政権の二重構造のことだ。北部九州に向かって人々はなだれ込んだが、その後、日本海勢力は瀬戸内海勢力と北部九州の地で主導権争いを演じた末に、没落していく。ところが、後述するように、6世紀初頭に日本海勢力は復活し、ヤマトはやむなく越《こし》（北陸）から継体《けいたい》天皇（第26代）を担ぎ上げることになる。そしてこの後も、瀬戸内海勢力と日本海勢力の葛藤は、尾を引いていく。瀬戸内海を代表するのが物部氏で、日本海を代表するのが蘇我氏だといえば、何となく、輪郭が見えてくるだろうか。

日本海から出現した蘇我氏

もっとも、蘇我氏と日本海のつながりについて、これまでほとんど通説は語ってこなかった。『古事記』は蘇我氏の祖を辿っていくと、第8代孝元《こうげん》天皇に行き着くと言うが、第10代崇神天皇以前の系譜（欠史八代《けっしはちだい》）は、「纏向に集まってきた人たち」のものではないかと筆者は疑っている。そして、蘇我氏は日本海と強くつながっている。前章で近江と日本海に支持されていた神功皇后と応神に、蘇我氏の始祖である武内宿禰がぴったり寄り添っていた説話を紹介した。この説話は、軽視できない。

蘇我氏と日本海をつなぐのは、神話のスサノヲだ。スサノヲの子、清之湯山主三名狭漏彦八嶋篠《すがのゆやまぬしみなさるひこやしましの》の名前にある「清《すが》」は、スサノヲが出雲に建てた最初の宮「須賀宮《すがのみや》（須我神社）」の「スガ」に由来する。日本海に面した但馬国一の宮の粟鹿《あわが》神社（兵庫県朝来《あさご》市）に伝わる『粟鹿大明神元記』には「蘇我能由夜麻奴斯禰那佐牟留比古夜斯麻斯奴《そがのゆやまぬしみなさむるひこやしましぬ》」の名がある。これは「清之湯山主三名狭漏彦八嶋篠」のことだが、ここでは「スガ（清）」が「ソガ（蘇我）」になっている。「スガ」が音韻変化して「ソガ」になったことは、奈良県橿原市の蘇我氏の祖神を祀る「宗我坐宗我都比古《そがにますそがつひこ》神社」が「真菅《ますが》」に鎮座することからもわかる。出雲大社真裏のスサノヲを祀る社は「素鵞社」だが、「素鵞」は、「スガ」ではなく、「ソガ」と読む。

なぜ、蘇我とスサノヲがつながったのか。ヤマト建国の直前、出雲の四隅突出型墳丘墓を拒絶していたタニハは、次第に西側に勢力を拡大し、出雲を圧迫するようになっていった。このタニハの動きが、スサノヲの出雲建国神話になったのだろうと筆者は見ている。出雲の複数の須賀（我）神社は、出雲の要地を囲むように鎮座している（拙著『神武天皇vs.卑弥呼』新潮新書、2018年）。

全盛期の蘇我氏（7世紀）は、新潟県糸魚川市で採取されるヒスイを独占的に加工し、大切に守りつづけたが、それは、ヒスイが縄文時代から継承された日本海勢力の神宝だったからだろう。ちなみに、藤原氏が台頭し、蘇我氏の権威が地に墜ちると、ヒスイは誰からも見向きされなくなる。

こうしたことから蘇我氏はスサノヲの縁者（末裔）で、日本海（タニハ）を代表する人物群と考えられるが（前掲『蘇我氏の正体』）、『日本書紀』は、この系譜を無視している。蘇我氏の正体と正統性を知られたくないからだろう。

6世紀の蘇我氏と物部氏の争いも、ヤマト建国時から続いた日本海と瀬戸内海の主導権争いとみなすことができる。そして、この事実がわかれば、古代史の多くの謎は解けていく。そこで、日本海と瀬戸内海を念頭において、ヤマト建国後の歴史を追っていこう。

中央集権国家を目指した雄略天皇

ヤマト建国直後の4世紀は、史学上、空白の時代だ。『日本書紀』の記事は信頼されていないし、中国側の史料も「魏志倭人伝」の後が続かない。一方、考古学的には、前方後円墳が各地に伝播していく様子がみてとれる。ヤマトの大型前方後円墳と設計を同じにして規模を小さくした物が、地方で造られていく。遠い場所（朝鮮半島や中国）からもたらされる最先端の文物や威信財の奪いあいは、新たな秩序を作り出す。文物はヤマトの王のもとに集められ、それを各地の首長に配ることで、秩序とネットワークが成立していった。また、日本海側の没落と、瀬戸内海側の発展が顕著になっていく。日本列島全体を見渡すと大きな戦乱はなく、発展する時代だった。

4世紀末になると、朝鮮半島の騎馬民族国家・高句麗が南下政策を採り始めた。倭国は朝鮮半島最南端の伽耶《かや》諸国にある権益を守るためにも、出兵するようになる。ただし、統一された迅速な判断が求められる中、派遣されるのは豪族たちの寄せ集め集団だったから、当然限界があった。

一方、「倭国王」の名は次第に海外でも知れ渡るようになり、中国の『宋書』には、

「倭の五王」が記録された。それが讃《さん》・珍《ちん》・済《せい》・興《こう》・武《ぶ》で、それぞれが仁徳《にんとく》（あるいは履中《りちゅう》か応神）、反正《はんぜい》（あるいは仁徳）、允恭《いんぎょう》、安康《あんこう》、雄略《ゆうりゃく》に比定されている。

このうち5世紀後半の武王＝雄略天皇（第21代）は、クーデターによって玉座を獲得したとされる。権臣・円大臣《つぶらのおおおみ》（葛城氏）らを、有力皇族ともども滅ぼしてしまったのだ。誤って人を殺すこともあって、「大だ悪《はなはあ》しくまします天皇《すめらみこと》なり」と罵られもしたが、吉備の反乱を抑え込み、改革事業を手がけた功績があるともされている。古代版織田信長のような人物だ。

たとえば、稲荷山《いなりやま》古墳（埼玉県行田市）出土の国宝「金錯銘鉄剣《きんさくめいてっけん》」や江田船山《えたふなやま》古墳（熊本県玉名郡和水町《なごみ》）から出土した大刀の銘文から、当時、遠方の豪族たちが、ヤマト政権の官僚機構（武官と文官）に組みこまれていたことや、官僚たちが情報伝達に文字を用いていたこともわかってきた。

さらに考古学も、雄略天皇の改革の痕跡を探り当てている。雄略天皇の時代の難波宮《なにわのみや》下層の掘立柱建物16棟の倉庫群の発見は大きな意味を持っている（大阪市）。原初的国家機構が整備されていた証拠である。税を集め、先進の輸入文物を倉庫群に集積していた可能性が指摘されるようになったのだ。

なお、雄略天皇以前の日本列島での変化も、確かめられている。各地の古墳の移り変わりが顕著に表れ、それが確認されてきた。４世紀後半から、系譜の入れ替えや系列の統合が起きていたのだ。地方の大首長の下に群がっていた中小の首長たちをヤマト政権側が掌握することで、首長層の政治的な再編が行われたようである。要は、地方の下剋上的な紛争に、ヤマト政権が介入していったのだ（熊谷公男『大王から天皇へ　日本の歴史03』講談社、２００１年）。激動の東アジア情勢に対処するために、ヤマト政権が仕掛けたと考えられている。

とはいえ、これを手がけたのはヤマトの王家ではなく、ヤマト政権を構成する中枢部の豪族（物部氏、蘇我系葛城氏、大伴氏ら）だったはずだ。

歴史学者の関晃は、古代ヤマト政権の実態を「畿内貴族政権（畿内制）」と指摘している（『日本古代の国家と社会　関晃著作集第４巻』吉川弘文館、１９９７年）。都周辺に集住する貴族（豪族）たちの合議によってマツリゴトが行われ、天皇権力を上回っていたこと、この体制が長く続いたことを指摘したのである。

この「畿内貴族」とは、要するにヤマト建国時に奈良盆地に集まってきた地方の首長たちで、そのままヤマトに居残って、政権の中枢を形成していたと考えられる。

中央集権国家造りは雄略天皇の時代に始まって、7世紀に律令制度の整備が急がれ、大宝元年（701）に大宝律令が生まれるが、実はこの段階に至っても、天皇が実権を得たわけではなく、畿内貴族政権の体制は形を変えながら、維持されていく。律令に規定された太政官《だいじょうかん》が合議機関で、高級官僚になれるのは、一部の名門貴族（これが畿内貴族）に限られていたのである。

だからこそ、雄略天皇は「王が政治を司る体制」を求めたのだろう。少なくとも、雄略天皇の時代に、一度中央集権国家へ向けた歩みが始まったことは間違いない。

応神天皇5世の孫がなぜ担ぎ上げられたのか

ただし、中央集権化の道のりは遠かった。反動勢力が出現したのだろう。雄略天皇の子の代に、雄略天皇の王家は断絶し、元の王家（雄略天皇の政敵）が復活した。けれども『日本書紀』によれば5世紀末、第25代武烈《ぶれつ》天皇は酒池肉林をくり広げ、王統は断絶してしまう。そこで後継者として、越（北陸）にいた応神天皇5世の孫とされる継体（男大迹王《おおどのおおきみ》）に白羽の矢が立てられた。

継体天皇は近江で生まれたが、父親が早くに亡くなったので、母親の実家の越で育てられた。尾張系の目子《めのこ》媛《ひめ》を娶り、二人の男子が生まれていた。彼らがのちに第27代安閑《あんかん》、第28代宣化《せんか》天皇となる。

継体天皇の出現の実態は、王朝交替だったのではないかとする説が根強かった。それはそうだろう。実在するかどうかさえわからない応神天皇の、しかも5世の孫となれば、「本当に皇族なのか」と、疑うのは当然のことだ。しかも、その直前の武烈天皇の乱行は王朝交替の典型的なストーリーの前段である。旧王朝の腐敗と新王朝による世直しだ。ところが近年では、旧王家の皇女を娶ったこと、彼女の子が即位して（29代欽明《きんめい》天皇）旧王家の血が継承されていることから、男大迹王（継体天皇）は入り婿だったとする説が有力視されるようになった。「応神天皇5世の孫」という記述に関しては、否定的な考えが多い。しかし、作り話にしても、なぜ「応神の末裔」にしたのだろう。

ポイントは、応神の母・神功皇后と近江、タニハの強い結びつきである。神功皇后は九州に西征する際、角鹿から出発している。神功皇后と応神天皇は、日本海に後押しされていた貴種なのだ。したがって、継体と応神の間に、何かしらの縁が隠されていたとしても不思議ではないし、事実、越の出身である継体の母は、蘇我系の地縁に囲まれている。神功皇后と応神を守ったのは蘇我氏の祖の武内宿禰であり、継体天皇出現後に、蘇我氏がヤマトで頭角を現していった事実を、無視することはできない。

継体天皇にはもうひとつの大きな謎がある。近江で生まれて、越で育った男大迹王（継体）が、東海の尾張氏の女性を娶っていたことから、男大迹王は「東に推されていた王」だったことがわかる。かつての「文物や強者は西からやってくる」という常識を当てはめれば、信じがたい現象が起きていたのだ。しかし、これまで述べてきたように、纏向出現のきっかけを作ったのは「タニハ、近江、東海」だったわけで、それを考えれば継体天皇の出現に意外性はない。

そしてここで注目しておきたいのは、継体天皇は、19年間ヤマトに入ることができず、淀川近辺をさまよっていたことである。通説は、ヤマトの旧勢力の抵抗に遭ったと考える。しかしこれは、大きな間違いだ。

「19年の攻防」の本当の意味

そもそも、なぜ長い間、都は奈良盆地に置かれていたのだろう。長岡京遷都や平安京遷都は8世紀の末で、ヤマト建国後、数百年の間、基本的に都は奈良盆地に置かれた。

しかし、水上交通を念頭におけば、都にふさわしかったのは、山背（山城。京都府南部）や淀川水系である。

山背には、いくつもの河川が流れ込んでいる。宇治川や三重県に発する木津川。鴨川。南丹市、亀岡市の盆地から流れ下る桂川（上流は保津川）などなど。そして、古くは宇治市の西側に巨大な巨椋池《おぐらいけ》があって、ジャンクションを形成していた。さらに、宇治川をさかのぼれば琵琶湖に到達し、水運を使い低い峠を越えれば、日本海に出られる。日本全体を見渡しても、東西南北、どこに出るにも、山背が便利だった。淀川を下れば、瀬戸内海に通じる。これに対し奈良盆地は、西側に大和川が流れ下るだけ

地図３　山背国の水運

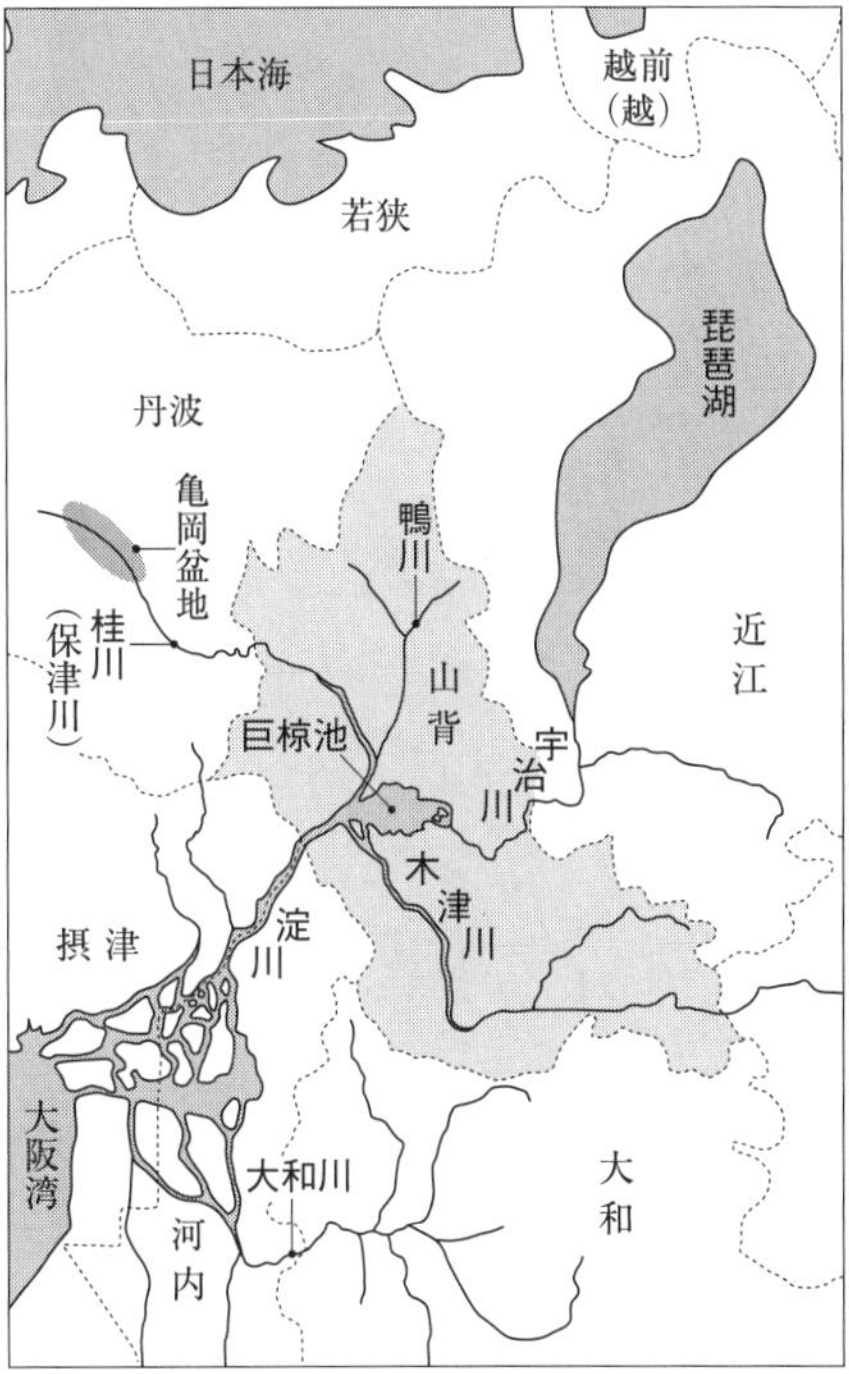

だ。奈良盆地の利点は、西側からの攻撃に強い、ということで、流通を考えれば、俄然山背が勝っている。それにもかかわらず、なぜ長い間、山背に都は置かれなかったのだろう。ヒントを握っているのが、継体天皇である。

継体は本気で淀川水系に都を造ろうとしていたのだが、ヤマトの旧勢力が、19年かけて、その野望を阻止したというのが、本当のところではなかったか。

なぜ阻止しようとしたのか。ここで、山背の防衛上の決定的な弱点を挙げておかなければならない。それは、すぐ隣に日本海勢力が迫っている、ということなのだ。それが亀岡盆地で、ここは旧丹波国の最南端だ。要するに山背ののど元には「タニハ連合」の刃がぶら下がっていたわけだ。6世紀末までヤマト政権の中心に立っていたのは瀬戸内海勢力（物部氏）だから、恐ろしくて山背に都を置くことができなかったのではないか。亀岡盆地から坂を下ってきた場所が山背（乙訓《おとくに》）であり、さらに、保津峡も、亀岡盆地の水が流れ落ちてくる場所だ。船で下って急襲される恐れもある。

これに対し継体は、「日本海からやってきた天皇」だから、亀岡盆地（丹波）は味方なのだ。ヤマトの瀬戸内海勢力と対抗するためには、むしろ山背の方が安全だ。いざとなれば、越に救援を求め、軍勢や支援物資は角鹿、琵琶湖を経由して宇治川を下ってくれば、山背にたどり着く。したがって、継体天皇のヤマト入りは、むしろ継体側の敗北を意味する。日本海勢力の思惑通りにことは進まなかったのだろう。継体天皇は19年間山背周辺で踏ん張ったが、「ヤマト政権内部の主導権争い」に屈し、ヤマトに入らざるを得なかったということになる。

そしてだからこそ、この先、日本海系の蘇我氏と、瀬戸内海系の物部氏は、新たな主導権争いを演じることになるのだ。

第5章　「聖徳太子」は蘇我入鹿である

乙巳の変への道のり

　ここまでをまとめておこう。ヤマト政権は3世紀後半から4世紀にかけて誕生し、その後「畿内貴族（纏向に集まってヤマトを立ち上げた首長層）」が政権をリードし、各地の紛争に介入することで、支配力を強めていった。4世紀末以降、朝鮮半島の高句麗が南下政策をとったため、ヤマト政権は半島の権益を守るために盛んに遠征軍を送り込んでいた。そして5世紀後半の雄略天皇の誕生がひとつの画期となり、統治システムは充実し、強い王が誕生するかと思われた。ところが、急進的な改革には、反動がつきものだ。政局は混乱し、王統も途絶えた。そこで越（北陸）の男大迹王《おおどのおおきみ》（継体）が連れて来られた。継体天皇は淀川近辺で19年過ごす。その背景には、日本海勢力と瀬戸内海勢力の主導権争いが起きていた可能性がある。結局、継体天皇は追い詰められ、妥協してヤマトに入り、旧王家の女性（武烈天皇の姉・手白香皇女《たしらかのひめみこ》）との間に生まれた第29代欽明天皇（在位６世紀半ば）の系譜が、今上天皇に続いていく。

「都を山背や淀川流域に」という日本海勢力の目論見は果たせなかったが、継体天皇出現後、ヤマト政権は確実に中央集権国家への歩みを始めている。王家も屯倉《みやけ》（王家の直轄領）を増やし、徐々に力をつけていった。ちなみに、屯倉づくりに積極的に協力していたのは、意外にも、『日本書紀』では天皇を蔑《ないがし》ろにし、私利私欲の権化のように書かれている蘇我氏だった。

一方中国では、６世紀から7世紀にかけて、久しぶりに統一国家が生まれ（隋や唐）、仏教を中心に据えた宗教政策をとった。東アジアはこの時期、仏教一色に染まった。日本もこれに従ったし、国内で特に仏教を推進したのは蘇我系政権だった。以下しばらく、『日本書紀』の示す大化改新にいたる歴史を追ってみよう。

第33代推古天皇の元で聖徳太子と蘇我馬子《うまこ》が活躍し（7世紀序盤）、仏教興隆のために本格的な寺院の建造が進められた。律令整備の前段階となる冠位十二階や憲法十七条が定められた。推古天皇も聖徳太子も、どちらも蘇我系皇族だ。「律令」とは、「律（刑法）と令（行政法など）」だが、土地制度も含んでいる。土地と民の私有を禁じて、国家が民に土地を配り、税を徴収し、労役や兵役を課す統治システムだ。

ところが7世紀前半、蘇我蝦夷《えみし》と入鹿《いるか》（蘇我本宗家。蘇我馬子の子と孫）の時代に突入すると、蘇我本宗家の専横が目立つようになる。皇室の危機を救うべく、中臣鎌足は、手を携える皇族を探し、軽皇子《かるのみこ》（のちの第36代孝徳《こうとく》天皇）に近づき寵愛される。もっとも中臣鎌足にとっての本命は中大兄皇子《なかのおおえのみこ》（のちの第38代天智《てんじ》天皇）だった。鎌足は法興寺（飛鳥寺）の西側の槻《つき》の木（ケヤキ）の下の打毬（蹴鞠）で中大兄皇子に出逢い、意気投合した二人は、蘇我入鹿暗殺計画を練り、入鹿の従兄弟の蘇我倉山田石川麻呂《くらやまだのいしかわのまろ》を引きずり込むことに成功する。そして飛鳥板蓋宮《あすかのいたぶきのみや》（奈良県高市郡明日香村）で蘇我入鹿暗殺を実行に移し、続けて蘇我蝦夷を滅亡に追い込んだ。これが『日本書紀』に書かれている皇極《こうぎょく》4年（645）の乙巳《いっし》の変で、今でも小中学校で習う歴史の流れである。

「改新之詔」を読み直す

ところで、乙巳の変で斬りつけられた直後、まだ息のあった蘇我入鹿は皇極女帝（第35代）ににじり寄り、自分には斬られるような覚えはない旨を訴えている。狼狽した皇極は、息子の中大兄皇子に説明を求めた。すると中大兄皇子は、「蘇我入鹿は皇族を滅ぼし、王家を乗っ取ろうとしています」と告げた。『日本書紀』にはこれが具体的に何を指すのかは書かれていないが、通説では皇極2年（643）の上宮王家《じょうぐうおうけ》滅亡事件とされている。聖徳太子の子・山背大兄王《やましろのおおえのみこ》ら聖徳太子の末裔が蘇我入鹿のさし向けた軍勢に

系図1　蘇我氏と聖徳太子の深い関係

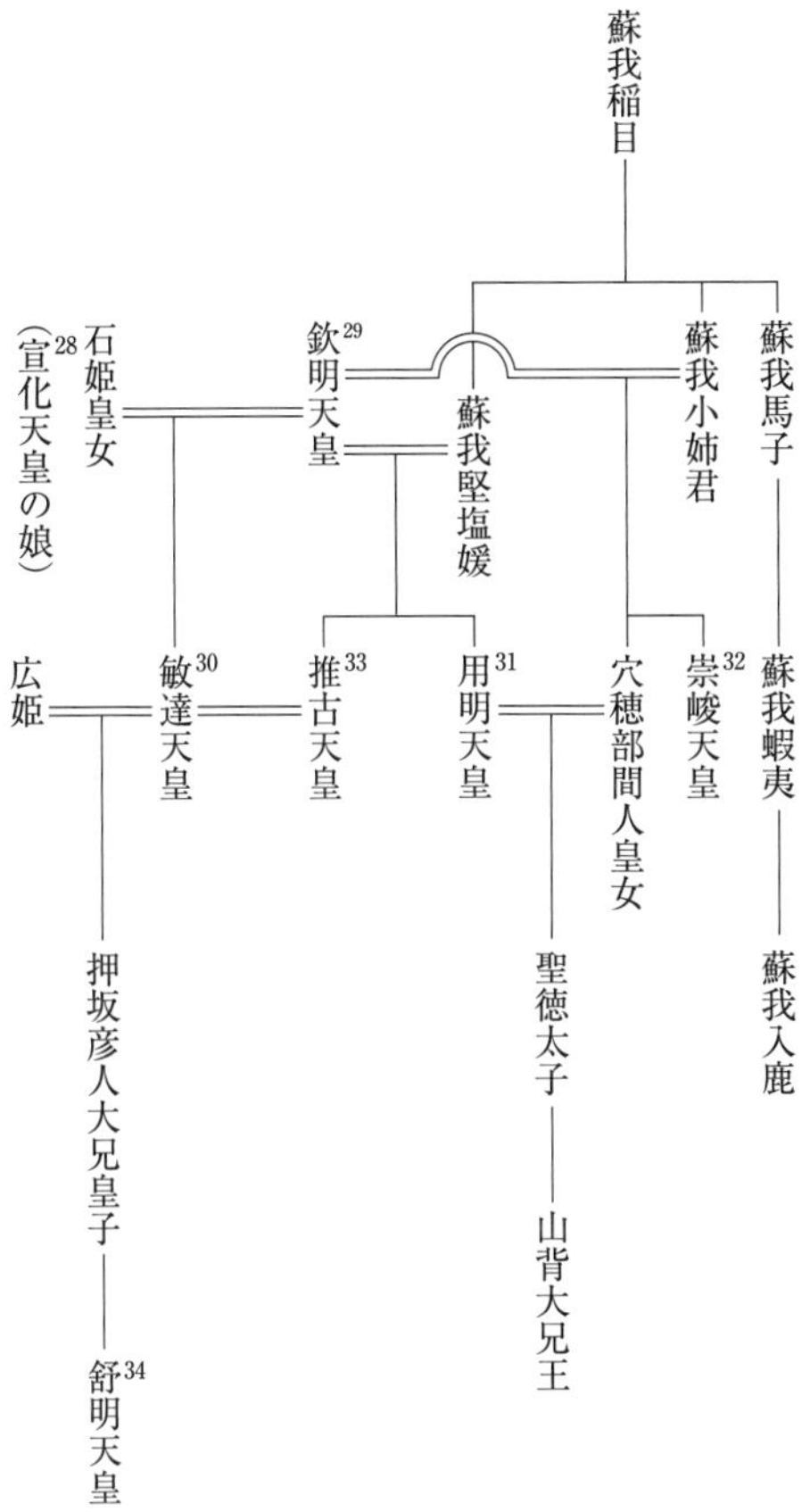

よって全滅に追い込まれた事件だ。中大兄皇子は、この犯罪行為を許してはならないと、訴えたというのだ。皇極天皇は息子の説明に納得したのか、その場を離れ、結局、蘇我入鹿は殺された。

蘇我本宗家滅亡を受けて、皇極女帝は弟の軽皇子に譲位。こうして孝徳天皇が誕生し、大化2年（646）に、改新之詔《かいしんのみことのり》が発せられ、律令整備は一気に進捗したと『日本書紀』は言う。これがいわゆる大化改新である。

改新之詔の内容をまとめておこう。4か条からなる。

①子代《こしろ》・屯倉、臣《おみ》・連《むらじ》・伴造《とものみやつこ》・国造《くにのみやつこ》・村首《むらのおびと》の所有する部曲《かきべ》の民と豪族の田地を廃止し、大夫以上のものに食封《じきふ》（朝廷側から豪族に支給される一種の給料）を、それ以下の者にも禄（布帛《ふはく》）を与える。

②京師《みやこ》の制度（都と地方支配の制度）を定める。国司・郡司・防人・駅馬・伝馬などを置き、国境を確定する。

③戸籍・計帳・班田収授法《はんでんしゅうじゅのほう》を作る。

④それまでの賦役をやめ、新たな仕組みを作る。

簡単に説明しておこう。

第１条は部民制・屯倉制の廃止を定めている。「部民」は、皇族や豪族に隷属して、労役に就き生産物を貢納した人々だ。「屯倉」は王家の直轄領。土地と民の私有を禁じたわけだ。

第２条は、畿内と地方の行政制度全般を整えた。国を郡（実際には評）に、郡を里にわけ、それぞれに官人を任命した。民を各地域ごとに編成し直し、関や駅馬を設置する。

第３条は、班田収授法だ。豪族たちから土地と民を吸い上げ、その代わりに豪族には役職とサラリーを与えた。土地と民を戸籍に登録して土地を民に公平に配る。50戸をひとつの里とした。税を徴収し、民には労役や兵役を課そうというものだ。

そして第４条は、租税の統一を言っている。耕地の面積ごとに、負担を強いる。

『日本書紀』は、この時点で、律令制度はほぼ完成したと言っている。

大化改新をめぐる学説の変遷

大化改新をめぐる歴史学者たちの学説を追っておこう。

大化改新をめぐる論争は、すでに江戸時代から始まっているが、大きく取りあげられるようになったのは、明治時代に入ってからだ。古代の革命とみなされ、天皇が外交や軍事にまつわる大権を獲得し、氏族を支配する統轄権を握ったと指摘された。ここで大化改新は「明治維新論」と重なっていき、国体と歴史変革の出発点とみなされるようになった。そして、藤原鎌足（中臣鎌足）が、王家の忠臣として持ち上げられていったのである。

一方、『日本書紀』の記述を疑う考えも、このころ提出されている。改革事業は時代が下った壬申《じんしん》の乱（672）を勝ち抜いた天武《てんむ》天皇によって成し遂げられたというのだ（三浦周行《ひろゆき》「大化改新論」『史学雑誌』7—1、1896年、史学会）。早い段階で、鋭い仮説が提出されていたと思う。

大正末期から昭和初期になると、大化改新は史的唯物論（唯物論的歴史観）で説かれるようになっていった。大化改新は部民（奴隷という位置づけ）の階級解放であり、それまでの「氏族制度」を改革した事件と礼讃された。

これに対し、近代的合理主義を取り入れた論考も目立つようになっていった。たとえば津田左右吉は、『日本書紀』に記された「改新之詔」は、のちの時代の近江令を参考にして書き足されたものだと指摘した。その上で、大化改新の本質は土地改革と喝破した。豪族たちの私有地民を国家の物として再分配した事業だったという（『日本上代史の研究　津田左右吉全集第3巻』岩波書店、1963年）。

逆に、改新之詔は書き足されていないと主張したのが坂本太郎で、大化改新を「王政復古」と位置づけ、大宝律令（701）の完成に至るまで、改革は継続したと主張した。しかし戦後になると、井上光貞が改新之詔を詳細に分析し、後世の知識が織り込まれていることを突きとめ、坂本太郎との間に論争が展開された。

その後、『日本書紀』の言うような改革事業が行われていたかどうか、じつに疑わしいという指摘がなされるようになった。たとえば原秀三郎は、本当の改革事業は天武天皇の時代に始まったと指摘した。『日本書紀』天武4年（675）2月の条に「部曲（豪族の私有民）を廃止しろ」と詔があるからだ。

孝徳朝は親蘇我政権

門脇禎二は、蘇我本宗家が専横をくり広げていたという『日本書紀』の記事を疑ってかかった。乙巳の変の直前まで、蘇我氏は悪者として扱われていない。藤原氏の記した

『藤氏家伝《とうしかでん》』も、「蘇我入鹿は中臣鎌足の次にできる男」と記録している。その上で、蘇我本宗家はむしろ改革に乗り出していて、改新政府の孝徳天皇は、蘇我本宗家の路線を継承していたと指摘したのだ。孝徳天皇の人事を眺めると、とり巻きは親蘇我派で、その治世は蘇我氏全盛期の推古朝とよく似ていることを、重視したのだ。この門脇禎二の発想は、画期的だったし、今日の大化改新をめぐる論争の基礎を築いたと思う。

蘇我氏が改革派で、孝徳天皇が事業を継承していたことは、『日本書紀』の記事からも読み取れる。蘇我本宗家の滅亡を受けて即位した孝徳天皇は、難波長柄豊碕宮《なにわのながらのとよさきのみや》（大阪市中央区）の造営と遷都を急いだが、このとき人々は、「そういえば、ネズミが西に向かって移動したのは、遷都の前兆だったのか」と語り合っていたという。ネズミの移動は蘇我入鹿存命中のことなので、『日本書紀』の記述は難波遷都が入鹿たちの計画だったことをほのめかしていると見られる。明記できなかったのは、蘇我氏の業績を残したくなかったからだろう。難波長柄豊碕宮はのちの都城の原型となるもので、全国の土地をなるべく正確に、網の目状に区切って民に貸し出すための「規準（ものさし）」になる大切な律令整備の第一歩だった。だから、蘇我氏は遷都を計画し、孝徳天皇も造営を急いだのだろう。

考古学も、大化改新について語り始めている。昭和42年（1967）に藤原宮（『日本書紀』は新益京《あらましのみやこ》と表記。694年から710年までの都）跡でみつかった「己亥年（699）十月」の木簡に行政区分のひとつ「評」の文字が墨書されていた。改新之詔で「郡」を置けと言っていたのに、実際には「評」と呼んでいたことがわかった。平安時代の文書には、孝徳朝で「評」が立てられたと記録されているのと合致する。また、孝徳朝のすぐあとの時代、飛鳥京で集落50戸をひとつの単位としていたことを示す木簡もみつかり、律令土地制度の基礎が固められつつあったことがわかってきた（市大樹『飛鳥の木簡』中公新書、2012年）。

こうして、乙巳の変と大化改新をめぐる通説は、大きく変化した。「蘇我入鹿は大悪人だった」という考えも、見直されつつある。改革事業は、すでに雄略天皇の時代から始まり、継体天皇の出現によって加速され、蘇我氏がこれを継承し、大化改新をへて、7世紀後半、天武天皇の時代に飛躍的に進捗し（理由はのちに）、大宝律令（701）によって、完成したと考えられるようになった。

改革後、なぜか活躍しない二人の英雄

律令の整備が長引いたのは、ただ律令＝法律を整えればよいというものではなかったからだ。最大の難関は、豪族が私有する土地と民を国家（天皇）が奪うことだった。既得権益にあぐらをかいていた豪族たちは、当然反発したはずなのだ。古代最大の大地主だった物部氏が蘇我氏と争ったのも、仏教導入をめぐるいざこざというのは表面上の話で、実際には制度改革の軋轢《あつれき》だったろう。だから、本来神道を守るべき朝廷の皇族たちが、こぞって蘇我馬子に味方し、物部守屋《もりや》征討戦に加わっていたわけである。

そうなると不思議なのは、なぜ『日本書紀』は大化改新の時点で、「律令整備は劇的に進展した」と記したのか、である。

答えはあっけないほど簡単なことだ。それは、蘇我蝦夷と入鹿（蘇我本宗家）が滅亡したことによって改革が成し遂げられたと記録すれば、蘇我本宗家が改革の邪魔をしていたと印象づけられるからだろう。

そこで、次に問題となってくるのは、中大兄皇子と中臣鎌足のことだ。これまで改革派と信じられてきた中大兄皇子と中臣鎌足だが、不可解なのは『日本書紀』を読むかぎり、孝徳政権でほぼ活躍が皆無であることだ。中臣鎌足は実態の定かでない臨時職「内《うち》

臣《おみ》」に任命されたとあるが、まったく活躍していない。孝徳政権の最晩年、中大兄皇子は飛鳥遷都を具申し、拒否されると、役人たちを引き連れて、難波を去った。こうして孝徳天皇は、失意の中亡くなっていく。なぜ中大兄皇子は、「律令整備のための大切なものさし」である難波を、わざわざ捨ててしまったのだろう。

もうひとつ謎がある。『日本書紀』編纂時の権力者は藤原不比等で、中臣鎌足の子だから、不比等は父の正義を証明し、顕彰したかっただろうし、そのために、蘇我氏を悪党に仕立て上げる必要があったのだろう。そしてつい最近まで、「蘇我氏は悪人」と、みな信じてきたのだ。どのようなトリックを使って、『日本書紀』は蘇我本宗家を大悪人に仕立て上げることができたのか。

山背大兄王一族の墓がない

改革派の蘇我氏を殺した罪を、いかにして裏返し、正義の戦いにすり替え、喝采を浴びることができたのか、その仕掛けはどのようなものだろう。謎解きの糸口は、聖徳太子と山背大兄王（上宮王家）だと筆者は思う。彼らは本当に存在したのだろうか？『日本書紀』が創作した架空の人物ではないのか。

蘇我入鹿暗殺現場で中大兄皇子は、「入鹿は天皇家の人々を滅ぼして、王家を乗っ取ろうとしている」と叫んでいる。これが、入鹿殺しの大義名分だった。具体的には、上宮王家滅亡事件を指しているようだ。蘇我入鹿のさし向けた軍団が、聖徳太子の子の山背大兄王や一族（上宮王家）を滅亡に追い込んでいる。『日本書紀』の常套手段だが、大切なところで、読者に「犯人はあいつか」「あの事件を指しているのだ」と、匂わす書き方がある。中大兄皇子は入鹿暗殺現場で、「入鹿は山背大兄王一族を滅ぼしたではないか」とはっきり言っていない。これが怪しい。本当に蘇我入鹿は山背大兄王を追いつめていたのだろうか。

聖徳太子にまつわる伝記をかき集めた『上宮聖徳法王帝説《じょうぐうしょうとくほうおうていせつ》』（平安時代に成立）に、「聖徳太子と山背大兄王が親子ではないと噂する人がいるようだが、それはよくないことだ」と記されている。「そんな噂、馬鹿馬鹿しい」と否定するのではなく、「その噂をすることは不謹慎だ」とたしなめているところに、『上宮聖徳法王帝説』編者の頓知《とんち》を感じずにはいられない。二人が親子ではないことは、公然の秘密だったのではないだろうか。実際『日本書紀』は、聖徳太子と山背大兄王の親子関係を証明していない。読者が勝手にそう信じるように仕向けている。

しかも、上宮王家滅亡事件はまるでお伽話で、信憑性に欠けている。入鹿の軍団に襲われた上宮王家は、一度助かっている。馬の骨を斑鳩宮《いかるがのみや》に放り（人間が死んだと思わせた）いったん生駒山《いこまやま》に逃れていたのだ。ところが、その後なぜか山背大兄王は「闘えば勝てるが、この命、入鹿にくれてやる」と言い放ち、王家の人を集めて斑鳩に戻り、滅亡の道を選んでいる。聖徳太子の末裔は、これでひとり残らず、きれいに消え去ったことになるが、ストーリー展開に無理がある。それにもかかわらず、多くの史学者は、「聖人のやることとは違う」「凡人にはわからない潔さ」と、山背大兄王を称《たた》えるのだ。これでは、解ける謎も迷宮入りするはずだ。離ればなれに暮らしていた王家の人々を、山背大兄王が一か所に集めて滅亡を強要するという設定からして、どうかしている。

さらに理解できないのは、上宮王家の墓が、いまだにみつかっていないことだ。聖徳太子の子や孫たちは、綺麗にこの世から蒸発してしまっている。もともと、彼らはこの世には実在しなかったから、物語の中で、いっぺんに消えてもらわないと、辻褄が合わなかったのではなかろうか。

改革者を大悪人にすり替えた大トリック

改革者だった蘇我本宗家を大悪人に仕立て上げるトリック。それは、蘇我本宗家の改革事業の手柄を、いったん蘇我系皇族・聖徳太子（厩戸皇子《うまやとのみこ》）にあずけ、その上で蘇我入鹿に聖徳太子の子（とされる）山背大兄王と一族を滅亡に追い詰めさせたことではなかったか。この場合、聖徳太子が比類ない聖者であれば、余計効果的だ。聖者一族を滅亡に追い込んだ悪魔のような蘇我入鹿像の完成である。実際、『日本書紀』の中で、聖徳太子は必要以上に礼讃されている。

筆者がこの仮説にたどり着く後押しとなったのは、物部系の歴史書『先代旧事本紀』と蘇我系の『元興寺《がんごうじ》伽藍縁起幷流記資財帳《がらんえんぎならびにるきしざいちょう》』だ。

『日本書紀』は蘇我氏と物部氏が犬猿の仲であったことを強調している。蘇我馬子が物部守屋を滅ぼしただけではなく、物部守屋の妹を娶り、その計略によって富と権力を手に入れたと記録する。

ところが本来なら被害者だった物部氏の『先代旧事本紀』は、蘇我入鹿が物部系だったことを、隠すことなく、むしろ自慢気に記録している。また、物部守屋を傍流と位置づけ、守屋滅亡後も本家はしっかりと生き残ったこと、蘇我馬子に物部氏のとある女傑

（物部鎌姫大刀自連公《かまひめのおおとじのむらじきみ》）が嫁ぎ、「参 政《まつりごとあずかり》」となって神を祀ったこと、その女傑が豊浦《とゆらの》大臣《おおおみ》（蘇我蝦夷か入鹿）を生んだことも記している。

一方、蘇我系の文書『元興寺伽藍縁起幷流記資財帳』は、蘇我氏と物部氏が和解していたと記録する。また、聡耳皇子《とみみのみこ》（聖徳太子）が物部系だったと「問題発言」をしていて、これが大きな意味を持ってくる。

『元興寺伽藍縁起幷流記資財帳』に大々王《おおおおきみ》なる謎の女性が登場し、時代背景と活躍ぶりから、推古天皇と考えられているが、ぴったりと重なるわけではない。たとえば、物部氏に向かって「わが眷属《けんぞく》（一族）よ」と呼びかけ（推古天皇は蘇我系）、仏寺を破壊するなと諭し、蘇我氏との和解を呼びかけている。しかも大々王は聡耳皇子（聖徳太子）を「わが子」「大王」と呼んでいる。これは不思議なことだ。『日本書紀』に従えば、推古天皇と聖徳太子は同じ蘇我系だが、親子ではないし、聖徳太子が物部系という話も『日本書紀』にはない。

ならば、大々王は、『元興寺伽藍縁起幷流記資財帳』の創作、デタラメなのだろうか。『元興寺伽藍縁起幷流記資財帳』が聡耳皇子を大王と呼んでいるところがミソで、「大々王」の「わが子」が聡耳皇子で、しかも「大王」と呼ぶことで、親子関係について念を押しているのだ。「気付いてくれよ」と、訴えている。「こんな簡単な暗号が他にあるか?」とぼやいている。

法興寺を建てたのは誰か

『日本書紀』や史学者たちから植え付けられた先入観を、まず、ここで取っ払おう。そして、もう一度、系譜を確認しよう。

物部系の女傑(大々王)の子が蘇我系皇族・聡耳皇子(大王)だと『元興寺伽藍縁起幷流記資財帳』は言う。『先代旧事本紀』にはよく似た人物が登場していた。物部系の女性(物部鎌姫大刀自連公)と蘇我馬子の間に生まれた豊浦大臣だ。そして豊浦大臣の別名は「入鹿」だという。この人物と聡耳皇子が、重なって見える。その聡耳皇子が法興寺(飛鳥寺、のちに平城京に遷り元興寺)建立の責任者だったと『元興寺伽藍縁起幷流記資財帳』は伝えるが、一連の物語が終わったあと、最後の最後に、「じつは蘇我馬子の子が法興寺を建てた」と特記している。これは矛盾ではなく、法興寺を建てた聡耳皇子と蘇我馬子の子を重ねて見せたのではなかったか。

この「本来なら必要のない回りくどいやり方」の裏に、『日本書紀』によって大悪人に仕立て上げられてしまった蘇我氏の執念を見る思いがする。「蘇我系皇族・聡耳皇子（聖徳太子）は物部系でもあった」こと、「『日本書紀』の言う厩戸皇子（聖徳太子）は、法興寺を建て、蘇我馬子の子もまったく同じことをしていた」ことを示した。さらに、『日本書紀』は物部氏と蘇我氏が対立していたと言うが、物部氏と蘇我氏は和解していた」ことを示し、それは律令土地制度に物部氏も同意した証であり、だからこそ、律令整備は軌道に乗ったこと、蘇我氏は大悪人でもないし、『日本書紀』の「鏡に映した聖徳太子と蘇我入鹿」のカラクリを、ここで暴露したということではなかったか。

筆者が『聖徳太子は蘇我入鹿である』を書いたのは1991年のこと。その後、歴史学者の大山誠一が聖徳太子虚構説を唱えるなど、聖徳太子非実在説は、今ではそれなりに人口に膾炙《かいしゃ》するようになった。清水書院の高校日本史の教科書では2014年度から聖徳太子虚構説をとりあげたほどで、史学界の通説でも「聖徳太子」の存在は疑問視されるようになってきた。ここに筆者が記したのは、大きく言えばその虚構説に属する、一つの仮説である。多くの史料が失われてしまったから、真実を証明することは難しい。しかし、『日本書紀』の多くの矛盾を、追い落とされた者たちが必死になって突き、真相を知ってほしいと訴えているように思えてならない。事実、敗者の声をつなぎ合わせると、聖徳太子と蘇我氏、大化改新の謎を説明することが可能となる。これからも、色々な仮説が登場するのだろうが、勝者の作った歴史書だけを信じる時代は、終わりつつあることだけは、肝に銘じておきたい。

第6章　壬申の乱は「親蘇我」対「反蘇我」の闘い

王家を二分した対立の構図

古代史の謎を解き明かすための最大のヒントは大化改新（646）だが、それとつながって起こる壬申《じんしん》の乱（672）も、同じ重さをもっている。大化改新と壬申の乱の真相を闇に葬るために『日本書紀』が編纂されたと言っても過言ではなく、ふたつの事件をうまく解き明かせば、古代史の謎は芋づる式に解けてくる。また、ふたつの事件を切り離して考えることはできない。

天智天皇（中大兄皇子）崩御の直後、弟・大海人皇子《おおあまのみこ》と天智天皇の子の大友皇子《おおとものみこ》が激突した。当初劣勢に立たされていた大海人皇子だったが、奇跡的な逆転勝利を収め、即位した（第40代天武天皇）。

この後、天武系の王家のもとで『日本書紀』が編纂されたため、『日本書紀』は天武天皇が甥殺しの正当性を証明するために記されたと、多くの史学者に信じられてきた。しかしこれは、致命的な誤解だった。史学界がここでボタンの掛け違いをしてしまったから、古代史は迷宮入りしてしまったのだ（くどいようだが、『日本書紀』には藤原不比等の意志が反映されている。藤原不比等は反蘇我で反天武派だ）。

ここで、天智と天武の系譜を確認しておく。皇極女帝（第35代）の弟が孝徳天皇（第36代）で、皇極の子が中大兄皇子（第38代天智天皇）と大海人皇子（第40代天武天皇）だ（二人の父親は第34代舒明《じょめい》天皇）。孝徳天皇の崩御を受けて姉の皇極が重祚《ちょうそ》して斉明《さいめい》天皇（第37代）になった（「重祚」とは、一度即位した天皇がいったん譲位し、のちにふたたび即位することをいう）。白村江《はくすきのえ》の戦いの直前に斉明は崩御。こののち、中大兄皇子が即位したが（天智天皇）、そのあと、壬申の乱を制した大海人皇子が即位する（天武天皇）。天武天皇は律令整備に奔走するも、志半ばで崩御。皇太子は鸕《う》野讃良皇女《ののさらのひめみこ》（皇后）との間の子・草壁皇子《くさかべのみこ》だったが、しばらくして病没し、鸕野讃良皇女が皇位を継承した（第41代持統《じとう》天皇）。その後、草壁皇子の子の文武《もんむ》天皇（第42代）が即位し、「天武の王家」は奈良時代の聖武《しょうむ》天皇（第45代）と娘の孝謙《こうけん》（第46代、重祚して第48代称徳《しょうとく》）天皇まで続き、そのあと桓武《かんむ》天皇（第50代）の父・光仁《こうにん》天皇（第49代）が天智系の王家を復活させていく。この天智系から天武系へ、天武系から天智系へという流れが思いのほか重要な意味を持ってくることを、覚えておいてほしい（系図2参照）。

それはともかく、通説が見落としているのは、大海人皇子と蘇我氏の関係である。乙巳の変、大化改新、壬申の乱を貫く明確な対立軸があって、それは「親蘇我派と反蘇我

系図2　34代舒明から50代桓武までの系図

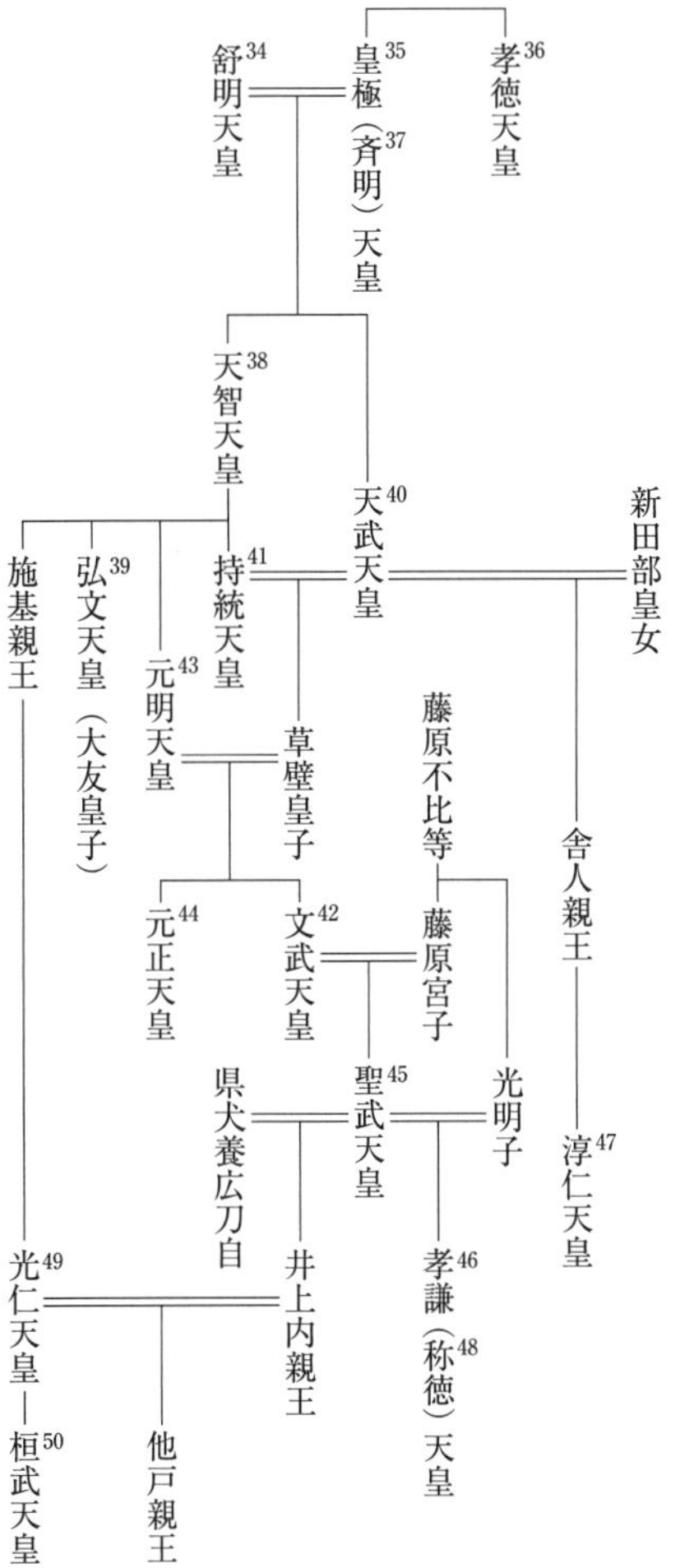

派の主導権争い」だった。史学者たちがこの図式を見抜けなかったのは、余計な知識と固定観念が邪魔していたからだ。蘇我氏見直し論が叫ばれ始めたが、それでもなかなか「蘇我氏は悪人で孤立していた」「乙巳の変で衰退した」というふたつの先入観から抜け出せずにいるのだ。しかし、蘇我氏が率先して改革を進めていたのは前章まで述べたとおりだし、本宗家滅亡後も大きな影響力を維持し、反蘇我派と闘っていた。

そして大切なのは、皇極天皇の二人の子、中大兄皇子（天智天皇）と大海人皇子（天武天皇）が、反蘇我派と親蘇我派に分かれていたことだ。両者の対立の溝は深かったし、この蘇我氏がからむ王家の対立の構図を、『日本書紀』は抹殺している。ちなみに、今上天皇は天智天皇（反蘇我派）の末裔だが、天皇家の菩提寺の泉涌寺《せんにゅうじ》（京都市東山区）では、親蘇我派の天武系の王家が排除されている。

孝徳天皇崩御から壬申の乱に至るまでの『日本書紀』の記事を、追ってみよう。

奇跡的勝利を収めた大海人皇子

乙巳の変の後に皇位に就いた孝徳天皇の不運は、頼りにしていた重臣たちが次々と亡くなっていってしまったことだ。天皇の窮地を尻目に、中大兄皇子は役人や親族を引き連れて、難波から飛鳥に戻ってしまった。孝徳天皇は難波で憤死し（654）、蘇我入鹿暗殺の現場に居合わせた皇極天皇が重祚して、斉明天皇の政権が誕生した。「乙巳の変を起こした英雄」であるはずの中大兄皇子は、母を担ぎ上げてようやく実権を摑んだのである。

中大兄皇子は斉明朝で何をしでかしたかというと、無謀な遠征だった。朝鮮半島の百済が斉明6年（660）に滅亡し、その翌年、百済遺臣の要請を受けて、遠征軍を送り込んだ。みなが「負ける」と予想していたにもかかわらず、強行してしまった。しかも、斉明天皇ら多くの女性たちも北部九州に赴き、天皇は朝倉橘広庭宮《あさくらのたちばなのひろにわのみや》（福岡県朝倉市）で亡くなってしまった。このあと元号は天智となるが、中大兄皇子の即位はもう少し先である。

天智2年（663）、白村江の戦いで、遠征軍は唐と新羅の連合軍に敗れ、日本は東アジアで孤立し、それどころか滅亡の危機に瀕したのだった。中大兄皇子は西日本各地に山城を築き、敗戦処理に奔走した。翌年、中大兄皇子は大化改新で禁じられたはずの豪族たちの私有民を復活させた。大化改新で進められたはずの改革は、ここで後戻りしている。豪族のご機嫌とりをしなければならないほど、中大兄皇子は追い詰められていたのだろう。

天智6年（667）3月、中大兄皇子は都を近江の大津宮（滋賀県大津市）に遷した。その時、天下の百姓は反発し、諷刺《ふうし》する者が多かった。また、連日連夜、あちこちで不審火が相次いだ。天智7年（668）正月、不穏な空気が流れる中、中大兄皇子は即位し（天智天皇）、弟の大海人皇子を皇太子に指名した。天智8年（669）冬10月、中臣鎌足は死に、天智10年（671）春正月、天智天皇は息子の大友皇子を太政大臣に任命した。太政大臣は太政官の長で、実務を仕切る大役だ（左右大臣よりも上。大友皇子がはじめて任命された）。大友皇子がここで実権を得たことで、皇太子の大海人皇子は、ピンチに立たされた。同年9月、天智天皇が病の床に臥せり、翌月天皇は大海人皇子を呼び出し、皇位を譲る旨を伝えた。しかし、大海人皇子はここで申し出を断り、武器を捨て出家し、数人の舎人《とねり》（下級役人）とともに吉野（奈良県吉野郡吉野町）に入り隠棲してしまう。12月に天智天皇が崩御すると、近江と吉野の間に緊張が高まった。

ちなみに、天智の即位後の治政は4年弱で、業績と呼べるようなものはほとんどない。無謀な遠征を強行し、民心が離れ、何もできずに生涯を閉じた形となった。「古代最大の英雄中大兄皇子」のイメージは、台無しだ。

天武元年（672）5月、大海人皇子は「近江の大友皇子が兵を集めて攻めてこようとしている」と主張し、わずかな手勢を率いて東に向かった。壬申の乱の勃発だ。尾張氏など東国の軍団の加勢もあり、あっという間に近江の大友皇子は滅亡してしまう。勝者の大海人皇子は都を飛鳥に戻し天武天皇となる。天武天皇は、皇族だけで政治を動かす極端な独裁体制を敷き、律令整備に邁進していった。これがいわゆる皇親制度だった。

壬申の乱をめぐる学説の変遷

史学者は壬申の乱をどのように考えてきたのだろう。まず、戦前の通説を見てみよう。古くから考えられていたのは、急進的な大化改新に対する反動というものだ。中小豪族が反発し、畿内豪族と地方豪族の対立も加味され、中小豪族に不満が蓄積し、大海人皇子を後押ししたという。

これに対し和辻哲郎は、正反対の考えを示した。中大兄皇子が私地私民を認めてしまい改革が後戻りしたことに身分の低い舎人や地方豪族が反発し、大海人皇子を積極的に後押ししたとする（『日本倫理思想史　上』岩波書店、1952年）。

歴史家の家永三郎は、天智天皇が弟の大海人皇子を皇太子の地位に引き上げたのは、息子の大友皇子が15歳と若かったためと指摘した。ところが、大友皇子が成長すると有能ぶりを発揮したため、太政大臣に据えた。こうなると大海人皇子の立場はなくなり、結局亀裂が生まれたという（『飛鳥時代史・奈良時代史　新講大日本史第2巻』雄山閣、1940年）。つまり、皇位継承問題が壬申の乱を誘発したという。

戦後になると、関晃が新たな推理を働かせて波紋を広げた。関は、下層勢力の突き上げが壬申の乱の原因になったという戦前の考えを否定した。律令整備は継続的に行われていて、しかも乱の結果、皇権が強化されたと考えられてきたが、これには裏があって、「畿内豪族」の支配権が拡充された面があるという。そもそも律令整備の真の目的は、皇権の強化ではなく、畿内豪族層の利益追求だったとする（前掲『日本古代の国家と社会』）。

これに対し直木孝次郎は、「族民組織」を残していた中小豪族層が不満をため込み、大海人皇子を後押ししたという。「族民組織」とは、部民制が成立する以前の古い階級制度で、一般のカバネ（姓）を与えられず、「族」の氏姓をもつ低い立場の人たちだという。中大兄皇子が大豪族に私有民を認めてしまったことに不満を抱いていたというのだ。ただし、強い反論を受けて、直木孝次郎は考えを訂正している。壬申の乱は階級闘争ではなく、律令国家を作る上で勃発した支配階級内部の紛争だったと、言い直したのだ（『壬申の乱』塙書房、1961年）。

　こののち、乱の原因は大友皇子が卑母（伊賀宅子娘《いがのやかこのいらつめ》。伊賀郡司の娘で采女《うねめ》［女官］だった？）の出だったことに起因すると考えられるようになった。両親が天皇の大海人皇子は皇太子に指名されていたが、対する大友皇子は「天智の子」を前面に打ち出し、互いに正統性を主張し、皇位継承をめぐって乱が勃発したと考えられるようになったのである。

　また、大豪族が大友皇子側について敗北し、中小豪族が勝ち残ったことによって、天武天皇は強大な権力を手に入れることができたのだと、考えられるようになった。

　しかし、史学者の多くは、乱をめぐる本当の謎に気付かないでいると思う。個条書きにすると、次のようになる。乱の大きさに較べると小さな疑問点だが、この謎解きが、壬申の乱の真実を突きとめる近道なのだ。

①天智天皇と中臣鎌足は、計6人の娘を、なぜ大海人皇子に嫁がせたのか。

②なぜ天智天皇は、本来政敵だった蘇我系の重臣を大勢取り立てたのか。

③なぜ蘇我系重臣たちがこぞって大友皇子を裏切ったのか。
④『日本書紀』は、なぜ尾張氏の活躍を無視して抹殺したのか。

バラバラで従来の学説と較べるとピントはずれに見える謎だが、それぞれ関連性をもっていて、意外な事実を浮かび上がらせる。

4つの謎

順番に、詳しく説明していこう。

①天智天皇は4人の娘を、中臣鎌足は娘二人を大海人皇子に嫁がせていた。かたや大海人皇子はどうかというと、一度結ばれていた額田王《ぬかたのおおきみ》を、天智天皇に差し出している。なぜ、このような歪んだ（不平等な）婚姻関係が発生したのだろう。しかも、じつの兄弟の間では、異例だろう。天智天皇が大海人皇子をかわいがっていた？　それはない。藤原家に代々伝えられてきた『藤氏家伝』によれば、とある宴席で両者は口論となり、大海人皇子は床に槍を突き刺し、天智天皇は大海人皇子を殺そうとしたとある。意外な

ことに、乙巳の変、白村江の戦いのどちらにも、大海人皇子は登場しない。二人の仲は悪かったのか？　少なくとも親密であったとは考えられない。ところが天智天皇は、なぜか大海人皇子におもねっている。後ろめたいことでもあったのだろうか。あるいは、必死につなぎ止めておく必要があったということか……。

②天智10年（671）、天智天皇は大友皇子を太政大臣に任命するが、左大臣は蘇我赤兄《そがのあかえ》、右大臣は中臣金《なかとみのかね》、御史《ぎょし》大夫《たいふ》（のちの時代の大納言）には蘇我果安《はたやす》、巨勢人《こせのひと》、紀大人《きのうし》と、全員蘇我系を任命している。天智天皇とは本来敵対していたはずの蘇我系豪族が、多数派になってしまった（ねじれた人事の謎）。

③天智天皇が病床にあったとき、蘇我安麻侶《やすまろ》を使いに出し、大海人皇子を呼び出したが、このとき安麻侶は密かに大海人皇子に「発言に気を付けて下さい」と忠告している。『日本書紀』は、安麻侶はもともと大海人皇子と昵懇《じっこん》の間柄にあったと言っている。大海人皇子が皇太子でありながら天智天皇の禅譲を断ったのは、安麻侶の忠告があったからだ。大海人皇子が吉野に逃れたことを知って近江朝の中で「虎に翼をつけて逃したようなもの」と臍《ほぞ》をかんだ人がいたというから、大海人皇子が首を縦に振れば、その場で謀反の濡れ衣をかけて殺す気だったのだろう。

天智天皇が亡くなり、乱が勃発すると、近江朝の正面部隊の副将格、蘇我果安らが将軍を殺害し、敵前で主力部隊は空中分解してしまった。近江朝の敗北は、蘇我果安らの裏切りによって決定的になった。大海人皇子の勝利を導いたのは、蘇我氏の裏切りだ。

④大海人皇子一行が吉野から東に向かったとき、出迎えたのは東海の雄族・尾張氏だった。軍資金を提供し、行宮《かりみや》（仮宮）を用意している。

乱の勝敗を知っているから、この行動を不思議に思わないのだが、この時点で、尾張氏が大海人皇子を捕縛することもできた。近江朝を敵に回した大海人皇子に従っていたのは、わずかな舎人だけだったのだ。それにもかかわらず、尾張氏は「大きな賭け」に出たことになる。壬申の乱の最大の功労者は尾張氏と言っても過言ではなかった。

さらに問題なのは、『日本書紀』が、この尾張氏の行動を記録していないことにある。尾張氏の功績は、『日本書紀』の次に記された『続日本紀《しょくにほんぎ》』の記事から、判明するのだ。

通説は、甥を殺して玉座を獲得した天武天皇のために『日本書紀』は記されたと信じているが、ならばなぜ、尾張氏の活躍を無視したのだろう。

この4つの謎を、どのように解き明かすことができるだろうか。

中大兄皇子は母を人質にした？

ひとつの視点を加えれば、4つの謎は氷解する。

「大海人皇子は根っからの親蘇我派で天智天皇は反蘇我派」たったこれだけの単純なヒントでいい。これをそれぞれの謎に当てはめていけばよいのだ。するとこうなる。中大兄皇子と中臣鎌足が蘇我本宗家を滅亡に追い込んだのは、蘇我氏が大海人皇子の即位を願っていたからで、それを阻止するための事件であった。孝徳天皇の崩御ののちようやく中大兄皇子は実権を獲得するが、失策をくり返し、日本を滅亡の危機に追いやった。人々は中大兄皇子と中臣鎌足を非難し、それでも中大兄皇子は即位したが、ここに無理があった。そこで人々が頼ったのは、大海人皇子だった……。謎が次々と解けてくる。

天智天皇と中臣鎌足が、大海人皇子に娘たちを嫁がせたのは、実力を持ち、人々に支持されていた蘇我系豪族を懐柔するためだろう。

もう少し、詳しく説明しよう。

『日本書紀』は、乙巳の変は蘇我入鹿が王家を蔑ろにしたから勃発したと言い、しかも翌年に改新之詔が発せられ、改革は一気に進められたと記録した。この結果、「蘇我氏が邪魔立てしていたから、改革は遅々として進まなかったのだ」と印象づけることに成功した。しかし、史学上、蘇我氏見直し論が高まってくると、中大兄皇子たちが何を目的に蘇我入鹿を殺したのか、理由がわからなくなってしまう。それにもかかわらず、史学界は、この謎に明確に答えてくれない。いや、謎さえ掲げない。

しかし、蘇我氏が大海人皇子を高く評価し期待していたとすれば、中大兄皇子の行動の真意がつかめてくる。大海人皇子こそ最有力の皇位継承候補だったのだろう。中大兄皇子と中臣鎌足は、その芽を摘むために、蘇我本宗家を倒したのではないか。当然、親蘇我派の孝徳朝で中大兄皇子と中臣鎌足のコンビに活躍の場は与えられなかった（現実に『日本書紀』の記事の中に、活躍の様子が見られない）。

孝徳天皇の晩年になって中大兄皇子は遷都を強行し、斉明を担ぎ上げた。律令整備に反発する人びとを、中大兄皇子は誘い込んだのだろう。この時点で、ようやく中大兄皇子たちは活躍するチャンスを得たわけだ。そして、無謀な百済救援に際して、大海人皇子が姿を現さなかったのは、蘇我氏や親蘇我派勢が、批判的に眺めていたということではないのか。

ちなみに、百済遠征に際し、斉明天皇も九州の朝倉橘広庭宮に赴いていて（親征）、この時代に権力を握っていたのは斉明天皇とする説が出ているが、これは大きな間違いだ。朝倉橘広庭宮は最前線ではない。海岸線からだいぶ内陸部に引っ込んでいる（たとえば朝倉橘広庭宮の最寄りの高速道路インターチェンジ「朝倉」から「福岡」までの走行距離は、46・7キロある）。こんな場所に宮を置くなら、ヤマトに留まっているべきだった。遠征軍を指揮する場所として適切ではない。

ならば、なぜ斉明天皇は九州にまで赴いたのか？　実は彼女は人質だったと考えると話が見えてくる。大海人皇子や蘇我氏が遠征軍に名を連ねていないのは、彼らが遠征計画に反発し、協力しなかったのだろうということはすでに述べた。だから中大兄皇子は、親蘇我派の斉明天皇を飛鳥に残しておくことはできなかった。親蘇我派や大海人皇子が斉明天皇を担ぎ上げてしまえば、遠征どころではなくなる。さかのぼって、孝徳天皇の最晩年、中大兄皇子が「飛鳥遷都というクーデター」を成功させたのも、斉明らを人質にしたからだろう。

中大兄皇子は「勝てるはずがない」と批判する人々を飛鳥に置き去りにして、斉明天皇を無理矢理遠征に同行させたのだろう。この時、額田王も遠征に加わっていたことは、

『万葉集』から知ることができる。通説は、「額田王が九州に向かったのだから、大海人皇子も参加している」と考えるが、それは違う。くどいようだが、大海人皇子の姿は、『日本書紀』の白村江の戦いの記事のどこにも出てこない。額田王も人質にされたから、大海人皇子は飛鳥でジッとしていたのだろう。

やはり無視された「日本海」と「東海」

先の②と③も、大海人皇子を親蘇我派と考えると、謎は霧散する。

天智政権は蘇我本宗家を滅ぼし、紆余曲折を経て、その延長線上に成立した。人気も実力もなかったから、風前の灯だっただろう。乙巳の変で蘇我本宗家を潰したあとも、蘇我氏は力をもっていた。だからこそ、蘇我系豪族を政権に迎えいれる必要があったし、国家存亡の危機（敗戦処理、唐の脅威）に、蘇我系重臣たちも、天智の誘いを受け入れたのだろう。ただし、「皇太子は大海人皇子」の条件をつけたのではないか（中大兄皇子が提示した可能性もあり）。要は、天智朝は妥協の政権なのだ。だから、天智が病床に大海人皇子を呼び出したとき、蘇我系豪族たちは、「天智に計略があるのではないか」と察知し、蘇我安麻侶は大海人皇子に忠告し、他の蘇我系豪族たちは、近江朝の重臣として大友皇子に仕えながら、いざ乱が勃発すると、迷うことなく、大友皇子を裏切ったのだろう。

そこで、④の謎だ。なぜ『日本書紀』は、壬申の乱最大の功労者を無視したのだろう。『日本書紀』にはもうひとつ謎がある。なぜか天武（大海人皇子）の前半生が、記録されていないのだ。乙巳の変の場面でも、中大兄皇子と中臣鎌足の活躍ばかりが目立ち、大海人皇子の活躍の場面はない。白村江の戦いが終わったあとに「大皇弟《ひつぎのみこ》」などの形で登場する。

すでに触れたように、『日本書紀』はヤマトの有力豪族を衰退に追い込んだ藤原氏の正義を証明するための歴史書だった。藤原氏にとって大海人皇子は政敵で、それを助けた尾張氏も、憎むべき輩だった。だから、歴史から抹殺したのだろう。そして、壬申の乱の本当の意味を消し去った。

大海人皇子は、蘇我氏だけでなく、尾張氏や東国の力を活用して乱を制したが、この図式は、6世紀初頭の継体天皇誕生の構図にそっくりだ。つまり、継体天皇誕生のときにも姿を現した日本海勢力（蘇我氏）、東海勢力（尾張氏）の存在を、『日本書紀』編纂の中心に立っていた藤原不比等は、「蘇我氏大悪人説」を展開するためにも消したかった。蘇我氏がヤマト建国時から活躍する正統な一族だったことを抹殺する必要があった。そのためには、ヤマト建国そのものの歴史を改竄する必要に迫られ、その過程で、「東海勢力がヤマト建国のきっかけを作った」ことや、「壬申の乱で活躍した東海の尾張氏」も邪魔になったのだろう。

しかし、天武崩御ののち、「天武系の王家」が守られる中、なぜ藤原不比等が台頭し、史書編纂に携わり、大海人皇子の正体を抹殺することが可能だったのか、という謎はまだ残される。次章で、その理由を解き明かそうと思う。

第7章　『万葉集』は歴史書である

『万葉集』は文学を超える

ここで、『万葉集』の話をしておきたい。日本最古の歌集で、全20巻、長短４５００首余の和歌を収録している。ちなみに、「和歌」は、「和＝日本」の意味ではない。「和《あ》える」（重ね合わせる）が本義で、音楽性があり共同作業で歌われた「歌謡」を起源にしている。

『万葉集』は、いつ、誰が編纂したのか、はっきりとしたことはわかっていない。ただし、３回に分けて、８世紀を通じて作られたと言われており、大伴家持《おおとものやかもち》も大いに携わっていたのではないかと見られている。

「雑歌《ぞうか》（以下の相聞《そうもん》、挽歌《ばんか》を除いたもの。多くは宮廷祭式などに歌われた）」「相聞（恋愛などの贈答歌）」「挽歌（葬送の歌。哀傷の歌）」の、主に3つの部立《ぶだて》からなる。

表記が独特で、仮名文字が誕生する前だったため、漢字を表音文字に用いた。いわゆる万葉仮名だ。

『万葉集』がのちの時代の和歌集と決定的に違うのは、天皇や皇妃から庶民まで、ありとあらゆる階層の人々の歌を採り上げていること。「生活が苦しい」「酒浸りになりたい」など、社会に対する不満もそのまま採り上げられている。だから、貴族の「教養自慢」が鼻に付く平安時代の歌集と一緒にされては困る。

『万葉集』が採り上げた歌の中で最も時代が古いものは、巻2―85〜89の第16代仁徳天皇の時代（4世紀末）の磐姫皇后《いわのひめのおおきさき》（葛城襲津彦《かずらきのそつひこ》の娘）が天皇を思って詠んだ歌で、もっとも新しいのは、巻末の大伴家持の天平宝字《てんぴょうほうじ》3年（７５９）の歌だ。４００年前後という気の遠くなる時間の流れがある。日本という国家が成長していく時代の若々しい歌集と捉えることもできる。特に、万葉学者の多くは、『万葉集』を牧歌的な文学と考えているようだ。岩波書店の『日本古典文学大系　萬葉集　一』の冒頭の解説には、『万葉集』の時代背景を「日本の歴史の上で最も大きな変動を経験した時期の一つ」として、さらに、「それは決して窮屈な制約のもとに狭い風流の概念の中でひねくりこねくりされた和歌の如く狭隘なものにならないことは明らかであろう」と、やや痛快な言葉を連ね、さらに、「万葉集という歌集は、とにかくわれわれが、無条件にたのしめる文化遺産である」と、称賛する。

なるほど、もっともなことだ。しかし筆者は、『万葉集』はただの文学ではなく、歴史書だと考える。たとえば、『万葉集』の巻頭の第一首は、雄略天皇の歌を採り上げている。さらに、節目節目に栞《しおり》をはさむように、雄略天皇が登場する。これは無視できない。『万葉集』が雄略天皇を特別視していることは、万葉学者も認めている。すでに述べてきたように、雄略天皇は中央集権国家造りを最初に手がけた「古代版織田信長」である。そして『万葉集』は「改革の歴史」を記録した歴史書に思えてならない。歌を種類ごとに区別し、漫然と時代順に並べたのではなく、「意味のある配列」にして、「題詞」を添えて、状況を説明している。ここに、「暗示」や「比喩」など、ありとあらゆる手段を駆使して本当の歴史を示そうとしている。「敗者の声を汲み取ってくれ」という、命を賭した編者の叫びが聞こえてくるのだ。

額田王の痛快な「紫野行き」の歌

額田王（額田姫王）といえば、誰もが知る万葉歌人だが、『日本書紀』には、たった一度しか登場しない。天武2年2月条の后妃を述べたくだりに、「天武天皇ははじめ鏡《かがみの》王《おおきみ》の娘の額田姫王を娶り、十市皇女《とおちのひめみこ》を生んだ」とある。これだけでは、額田王の人物像と活躍は、まったく知ることはできない。

『万葉集』には、皇極天皇の時代から、持統朝までの、額田王の歌がいくつも載せられている。しかもそれらの歌は、『日本書紀』にはない生の歴史証言として、貴重なものだ。

そこで、日本の古代史を考える上で重要な意味を持ってくる額田王の歌を、ここで掲げておこう。それは、『万葉集』巻1―20～21の大海人皇子との歌のやりとりだ。

天智7年（668）夏5月5日、天智天皇は、大海人皇子（のちの天武天皇）や諸王、内臣（中臣鎌足）、群臣らとともに、蒲生野《がもうの》（滋賀県東近江市、蒲生郡日野町の周辺）に薬猟《くすりがり》（不老長寿の薬になる鹿の新しい角を取り、薬草を摘む儀式的な行楽）を行っていた。この猟の後の宴で、歌が披露された。その時の、額田王の「天皇、蒲生野に遊狩《みかり》したまう時、額田王の作る歌」が、次の一首だ。

あかねさす紫野行き標野《しめの》行き野守《のもり》は見ずや君が袖振る

（大意）紫野を行き、標野を行って、野守に見られていないでしょうか、あなたが手を振っているのを……。

「野守に見られていますよ」と、はにかむ額田王を連想してしまう。手を振るしぐさは愛情表現なのだが、古代人にとってはさらに大きな意味があって、魂を招き寄せる行為だった。一見して朗らかな歌なのだが、これには、裏がある。というのも、このとき額田王は、大海人皇子のもとを離れて、天智天皇に嫁いでいたからだ。「元夫」が野原で手を振ってきた（魂込めて愛情表現してきた）ことを、みながいる宴席で、暴露してしまったわけである。もちろん、今の亭主も、目の前にいたにもかかわらず、「野守に見られてスキャンダルになっちゃいますよ」と、その状況を告白してしまったのだ。これに、大海人皇子はどう応《こた》えたのだろう。

紫草《むらさき》のにほへる妹《いも》を憎くあらば人妻ゆゑにわれ恋ひめやも

（大意）ムラサキ草のように照り映えるあなたを、もし憎いと思っていたら、人妻と知りながら、どうして恋をしましょうか……。

微妙な歌だが、天智天皇だけでなく、一堂に会していた群臣たちも、歌を反芻したにちがいない。「憎いと思っているなら?」「何で恋をするでしょう?」ということは、「憎くない?」「だから、手を振った?」「要は、好きなんだ〜!!」。

天智は殺意を抱いたか?

民俗学者の折口信夫はこれを、「戯れ事」とみなし、この解釈が通説となっている。たしかにそう考えなければ、場の雰囲気は凍てついていたはずだ。国文学者の古橋信孝も、「天皇の妻が天皇の弟と不倫をしているとして」、屋外で手を振るのは「危険すぎる」といい、相聞歌(恋の歌)ではなく「雑歌」に入れられたこともあり、「からかい合い以外には考えられない」として、宴席を盛り上げたとする(『誤読された万葉集』新潮新書、2004年)。政略結婚で天智天皇と額田王は結ばれたが、大海人皇子と額田王が、いまだに愛し合っていたとなれば、天智天皇のメンツは丸つぶれになる。だから和やかな雰囲気の中で、大海人皇子も額田王もケラケラ笑いながらこの歌を交わし戯れ事にしたと考えたのだろう。

しかし、本当にそうなのだろうか。額田王は、腸《はらわた》が煮えくりかえっていたのではなかったか。彼女は近江遷都の際にも「なんで三輪山から離れなければならないのだ」と、天智の政策を批判する歌を作っている。好きでもない（憎んでいた可能性も）人のもとに嫁ぎ我慢していたのに、大海人皇子は呑気に手を振ってくる。それならばと、猟のあとの宴席で二人の権力者に一泡吹かせたのではなかったか。男の度量を試したのである。額田王が歌った瞬間、緊張が走り、群臣たちはポーカーフェースを決めこんだだろう。天智は顔をこわばらせ、大海人皇子も青ざめ、たじたじだったにちがいない。

天智と大海人皇子は、反蘇我派と親蘇我派に分かれて、骨肉の争いを演じてきた仇敵である。天智天皇は親蘇我派を懐柔しなければ、政権を運営できなかった。だから、やむなく大海人皇子に娘を大勢差し出し、その見返りに、額田王ひとりをもらい受けた。屈辱の交渉を経て、今、ここにある。いわば額田王は、娘数人と対等の人質だ。その額田王が、「大海人皇子とまだ熱愛中」と、歌にしてみなの前で発表したのである。最も権威ある地位に立っている天智が、コケにされたのだ。殺意を抱いても不思議ではない。

そして、大海人皇子が必死の思いで返した歌に、天智は顔を赤らめ怒り心頭に発し、群臣はさらに緊張し、額田王はほくそ笑んだ……。そんな情景が伝わってくる。

ならばなぜ、天智天皇は大海人皇子を殺さなかったのか。そしてなぜ、大海人皇子は、額田王の問いかけに、「憎いわけがないだろ」と、殺されても文句が言えない歌を返したのだろう。

答えははっきりとわかる。すでに述べてきたように、天智朝で重用されていたのは、蘇我系豪族たちだった。彼らが集っている宴の場で、天智は迂闊《うかつ》に手を出せなかったのだろう。それを知った上で、額田王と大海人皇子は、歌をやりとりし、心の中で舌を出したのではないか。

痛快な事件と言っていい。これほど胸のすく愉快な事件が起きていたことを、『万葉集』は伝えたかったのだろう。女性の度胸に、頭が下がる。

『懐風藻』は大津皇子を「長子」と呼ぶ

ここで、天武政権の話をしておこう。『日本書紀』の記事を追ってみる。

天武2年（673）、飛鳥浄御原宮《あすかのきよみはらのみや》で即位した天武天皇は、かつて無い独裁権力を握った。皇族だけで政権を運営し、律令整備に邁進していったのだ。豪族層の合議に任せていては、身を削る改革事業は進まないと判断したのだろう。天武10年（681）に律令の編纂を開始し、同時に天武と鸕野讃良皇女《うののさららのひめみこ》（のちの持統天皇）の子・草壁皇子を皇太子に指名した。天武12年（683）2月には、やはり天武の子の大津皇子（母親は鸕野讃良皇女の同母姉）がはじめて朝政に参画している。翌年には八色《やくさ》の姓《かばね》を制定し、身分秩序を刷新するも、朱鳥《しゅちょう》元年（686）9月、志半ばで天皇は崩御した。

そしてその直後、同年10月、大津皇子の謀反が発覚して翌日刑死（自害）し、鸕野讃良皇女が政務を仕切り始めた。ところが、持統3年（689）4月、皇太子・草壁皇子が即位することなく病没してしまう。

6月に飛鳥浄御原令を施行（律は完成しなかった）。持統4年（690）正月、鸕野讃良が即位。これが第41代持統天皇で、同年7月、高市皇子《たけちのみこ》（天武天皇の長子）が太政大臣に任命された。皇親体制を継続し実権を握って律令整備に邁進したのは、高市皇子だろう。

持統天皇はこの後、必要以上に吉野行幸をくり返している。9月、庚寅年籍《こういんねんじゃく》（戸籍）が作られた。持統8年（694）に新益京《あらましのみやこ》（藤原宮）に遷都を敢行した。日本最初の本格的都城である。このころ、「日本」国号と「天皇」号が、正式に定まったと考えられている。そして文武元年（697）8月、草壁皇子の遺児が即位した。これが、第42代文武天皇だ。

この一連の流れに、大きな疑念は提出されていない。『日本書紀』の記事は、「ほぼ同時代史」ゆえに、信頼されている。しかし、謀反の末に刑死した大津皇子の周辺が、じつに怪しい。大津皇子の母は鸕野讃良の姉で、天智天皇の娘・大田皇女《おおたのひめみこ》なのだが、早くに亡くなっていたために、鸕野讃良が正妃の地位を獲得した。だから、鸕野讃良のひとり息子の草壁皇子が皇太子に指名されたのは当然のことと考えられてきた。だが一方で、天武は途中から大津皇子を朝政に参画させたので、皇親政治体制の中で絶大な権力を手に入れたことになる。草壁皇子のライバルであり、鸕野讃良は危険視した。そして、天武天皇崩御の直後、大津皇子に謀反の疑いがあると言って捕縛し、有無を言わさず殺してしまった。これが冤罪《えんざい》だったことは、通説もほぼ認めている。

興味深いのは、日本最古の漢詩集『懐風藻《かいふうそう》』が、大津皇子を「長子」と呼んでいることだ。『日本書紀』の記事とは裏腹に、本当は大津皇子が皇太子になると目されており（実際に皇太子に指名されていた可能性もある）、皇位を継ぐはずだったのではあるまいか。『懐風藻』は、大津皇子の性格を「放蕩《ほうとう》（大胆）」と言い、規則に縛られず、配下の者にも礼儀正しかったので慕われていたと記す。

鸕野讃良は、自動的に皇太子＝大津皇子が即位することを阻《はば》み、それが多くの人々の反発を受けたがために、草壁皇子は天武崩御後、約3年間即位することができず、むなしく病没してしまったのではなかろうか。この推理を裏付けるのが、以下の『万葉集』の歌である。

「石川郎女」は蘇我氏の隠語

『万葉集』巻2―107〜110は、大津皇子と草壁皇子の恋の鞘《さや》当《あ》ての歌だ。二人は石川郎女《いしかわのいらつめ》という女人を奪い合った。しかも、大津皇子の謀反発覚直前のことだ。まず、大津皇子の歌が次だ。

あしひきの山のしづくに妹待つとわれ立ち濡れぬ山のしづくに（巻2―107）

妹（石川郎女）を待っていると、山のしずくに濡れてしまったという。石川郎女が、これに応えている。

吾《あ》を待つと君が濡れけむあしひきの山のしづくに成らましものを（巻２―１０８）

私を待っていてあなたが濡れたという山のしずくに、なれるものなら私がなりたかった……。次の巻２―１０９の歌は、大津皇子によるもので、石川郎女と密かに会ったとき、津守連通《つもりのむらじとおる》（陰陽師《おんみょうじ》）がそれを占って露顕してしまったが、「そんなことは承知の上で二人は寝てしまった」という。そして巻２―１１０で草壁皇子は、「石川郎女が忘れられない」と嘆くのだ。どうやら草壁皇子は袖にされたようだ。

歴史学者の直木孝次郎は津守連通の存在に注目し、鸕野讃良が大津皇子の行動を逐一監視していたと推理した。それを大津皇子は知っていたが、「出家して身をかくすには若すぎるし血気がありすぎた」と指摘する（『古代国家の成立　日本の歴史２』中央公論社、１９６５年）。

しかし、『万葉集』編者が言いたかったことは、他のところにある。なによりも気付いてほしかったのは、「隠語としての石川郎女（女郎）」ではなかったか。

石川郎女は不思議な女性で、『万葉集』に幾度も登場するのだが、活躍する時間の幅が長すぎる。だから通説は、「ひとりの女性ではない」と考える。その一方で、共通点もある。それは、恋多き女性で、多くの殿方に言い寄っていることなのだ。はじめはモテモテ、大津皇子という大物とも交際があったが、その後次第に、世の殿方に振られていくようになる。ただし、男性をしきりに誘惑していく女性という点では、一致している。恋多き女性が、石川郎女なのである。

そこで、ひとつの推理が働く。石川郎女は「蘇我氏そのもの」を表しているのではないか。「蘇我氏」はある時代からあと、「石川氏」を名乗っていくことになるからだ。石川郎女は、「蘇我氏の隠語」ではあるまいか。つまり、誰もが「蘇我氏を味方に付ければ出世する」と考え、最初は石川郎女の誘いに乗っていたが（逆に石川郎女が男性から誘いを受けていた）、奈良時代の中ごろになると人気が下がっていったことを、『万葉集』編者は、「石川郎女」の隠語を創作して後の世に伝えたかったのではなかったか。そして、もっとも注目してほしかったのは、「大津皇子と石川郎女（蘇我氏）のつながり」であろう。

壬申の乱の大海人皇子の圧倒的勝利は、東海の尾張氏の加勢と、近江朝の蘇我系豪族の裏切りが大きな意味を持っていた。天智天皇は反蘇我派であり、大海人皇子は親蘇我派だった。壬申の乱を制した大海人皇子は、皇親政治を展開したから、豪族たちの華々しい活躍は記録されていない。しかし、天武天皇の皇子たちが、「蘇我氏の血を引いているかどうか」で、優劣が決まっていたことは間違いなく、もちろん、草壁皇子も大津皇子も、祖母は蘇我氏だった。だから、二人は「蘇我氏に選ばれる立場」にあったわけだ。皇親体制下における皇位継承は、以前とは比較にならないほど、重要な意味を持っていたはずだ。

『日本書紀』は「皇太子は草壁皇子で、実権を握ったのは大津皇子」と言っているが、『懐風藻』は「大津皇子が長子だった」と断定し、『万葉集』は、「石川郎女」という隠語を駆使して、蘇我氏が大津皇子に軍配を上げていたことを伝えている。つまり、天武天皇崩御の直後、蘇我氏は大津皇子を推していて、周囲の人気も高かったわけだから、順当に行けば、大津皇子が即位していたということではないのか。それにもかかわらず、鸕野讃良は冤罪で大津皇子を葬った。だから、草壁皇子は蘇我氏（石川郎女）の機嫌を損ね、担ぎ上げてもらえず病没した――これが筆者の推理である。

ならばその後、どうやって鸕野讃良が即位できたのか。いよいよ、次章で、「謎はない」と軽視されていた時代の暗部を、掘り起こしてみよう。

第8章　蘇我氏の息の根を止めた黒幕・藤原不比等

天武と持統の間に横たわる断層

史学者の多くは、「天武・持統朝」とひとくくりにして、この時代に大きな変革があったと指摘している。飛鳥時代なのだが、美術史的にはこの前後を含めて「白鳳《はくほう》時代」と呼んでいる。政治だけではなくあらゆる分野で、変化があった時代なのだ。

天武天皇は皇親政治を断行し、律令整備は一気に進捗したし、二人はおしどり夫婦だったと『日本書紀』は強調する。だから、天武天皇崩御と草壁皇子薨去《こうきょ》を受けて、鸕野讚良は即位し（持統天皇）、天武の遺業を継承し、改革事業に邁進したと信じられている。「日本」国号や「天皇」号、伊勢神宮も、「天武・持統朝」に整ったと考えられるようになった。

こののち、持統天皇は孫の文武天皇に王位を禅譲し、そこで『日本書紀』の記事は終わっている。ヤマトの古い歴史は、「天武・持統朝」の夫妻のときに幕を閉じたわけだ。そして、天武の王家は奈良時代の聖武・孝謙（称徳）天皇の時代まで続く。「天武・持統体制」が律令を完成させ、『日本書紀』編纂時も天武系の王家だったことから、古いヤマトから改革が継承され、完成されていく時代と考えられている。

　しかし、この時代の歴史は複雑怪奇で、「天武と持統」の夫婦の間に大きな断層が存在することを、通説は見落としている。『日本書紀』が必要以上に夫婦仲を記録していることこそ、不審きわまりないと考えるべきだったのではないか。『日本書紀』の記事が、持統天皇の譲位とともに終わっている点も、無視できない。この時、時代は大きく変わったのではなかったか。

　持統天皇は死後、「大倭根子《おおやまとねこ》天之《あまの》広野《ひろの》日《ひ》女尊《めのみこと》」の諡《し》号《ごう》を得たが、のちに「高天原《たかまのはら》広野《ひろの》姫天皇《ひめのすめらみこと》」に替えられている。話は少しややこしくて、『日本書紀』では後者の諡号となっているが、実は最初は前者だったことが『続日本紀』で暴露されているのである。「大倭」の「日女尊」が、「高天原」の「姫天皇」に、変身したのだ。高天原に君臨する女帝と言えば、すぐに思い浮かぶのは、アマテラス（天照大神）であろう。天皇家の「歴史」は、神話のアマテラスから始まると言っても過言ではない。アマテラスらが画策して、アマテラスの孫の天津彦彦火瓊瓊杵尊《あまつひこひこほのににぎのみこと》を九州の高千穂に降ろし、さらにその曾孫の神日本磐余彦尊《かむやまといわれびこのみこと》（神武）が東に遷り、ヤマトは建国された。『日本書紀』の編者は、持統天皇を国母であるアマテラスになぞらえたわけだ。

ここに、ひとつの疑念が浮かぶ。天武天皇の王家にあって、なぜ持統天皇を「天皇家の祖」に持ち上げたのだろう。「天皇は神」と称えられた天武天皇ではいけなかったのだろうか。

そろそろ史学者は、「天武・持統朝」をひとくくりにしてしまった過ちに、気付くべきだ。この夫婦の間にある断絶こそ、古代史の多くの謎を生み出している。天智天皇の娘である持統天皇の即位と、中臣鎌足の子・藤原不比等の大抜擢という事態は、壬申の乱の功臣が残る政権では「ありえない事態」である。しかも持統天皇は即位後、異常な回数の吉野行幸をくり返し、「皇親体制下で親政放棄（政務をさぼった）」をしたのである。その裏側に隠された秘密を、暴く必要がある。

黒幕・藤原不比等登場

「謎はない」と考えられていた7世紀後半以降の通史に鋭いメスを入れたのは、哲学者の上山春平である。5~6世紀に統治者としての権威を確立していた天皇家が、なぜ8世紀にいたって『日本書紀』を編纂し、改めて権威を正当化する必要があったのか、と疑念を投げかけ、『日本書紀』編纂の主体を「天皇家のかわりに、藤原家というもの」と想定し、次のように述べる。

> 天皇家の皇権回復の願望をたくみに吸い上げる形で、律令体制づくりという大義名分をかざしながら、その背後でひそかに進められた藤原氏独裁体制づくりの手段に転化されたのではあるまいか、という疑念を深めざるをえない（『神々の体系』中公新書、1972年）。

卓見だ。さらに上山春平は『日本書紀』の神話はアマテラスと持統天皇を結びつけていると指摘している（『続・神々の体系』中公新書、1975年）。

また、上山春平が注目したのが、中臣鎌足の子・藤原不比等だった。正史にほとんど登場しなかったために、無名だったこの人物を掘り出した功績は大きい。『本朝書籍目録《ほんちょうしょじゃくもくろく》』や『職原抄《しょくげんしょう》』などの記事から、律令編纂の中心に藤原不比等が立っていたことを明らかにしている。

持統天皇は即位すると藤原不比等を大抜擢しているが、持統天皇は天智天皇の娘だから、このコンビは、中大兄皇子と中臣鎌足コンビの再来だったと上山春平は指摘した。これで歴史は、壬申の乱を振り出しに戻した形になってしまったのだ（『埋もれた巨像』岩波書店、１９７７年）。

ならば、持統天皇と藤原不比等のコンビは、何をしでかしたのだろう。探っていくと、古代史に仕組まれた「カラクリ」が、芋づる式に飛び出してくる。まず、注目してみたいのは、天武崩御後の空白の３年間だ。

大津皇子が亡くなって、草壁皇子が即位を願いつつも病没するが、その間鸕野讚良と草壁皇子がどこで暮らしていたのか、宮の名がはっきりとしない。ところが、『日本書紀』の次に記された正史『続日本紀』に、草壁皇子の諡号が「岡宮御宇天皇《おかのみやにあめのしたしろしめししすめらみこと》」と記されていることから、飛鳥の岡宮《おかのみや》で暮らしていたことがわかる。なぜ、『日本書紀』は「岡宮」を公にできなかったのだろう。

岡宮は現在の岡寺《おかでら》（奈良県高市郡明日香村）で、飛鳥の集落から、息が切れるほどの急坂を登っていかなければならない。皇太子が政務を執るとすれば、不便でたまらない場所だ。問題は、岡寺の背後に多武峰《とうのみね》がそびえ、ここが中大兄皇子と中臣鎌足の「蘇我入鹿暗殺計画の密談をしていたアジト」だったことだ。岡寺、岡宮は多武峰と連携し、飛鳥の蘇我勢力に対する砦の役割を果たしていたのだろう。

持統天皇は大津皇子殺しによって孤立し、零落していた藤原不比等を頼って岡宮に「隠棲」したのではなかったか。少なくとも蘇我系豪族の反発は強かっただろう。大津皇子の刑死の直後、キサキの山辺皇女《やまのべのひめみこ》があとを追って自死し、多くの人々が涙したというから、持統の評判は地に墜ちたはずだ。

「岡宮の名を出せば、草壁皇子の立場が露顕する」から、『日本書紀』は秘匿したが、『続日本紀』編者は『日本書紀』の苦労を知らないから、無邪気に諡号を掲げてしまったのではないか。

高市皇子の死と皇位継承問題の勃発

ならば、なぜ草壁皇子薨去のあと、持統天皇が即位できたのだろう。平安時代後期に編まれた歴史書『扶桑略記《ふそうりゃくき》』には、持統天皇が藤原不比等の私邸を宮にしたと記されている。本当かどうか定かではないが、こういう噂が後世に伝わったことからして、持統が藤原不比等に頼り切っていた可能性は否定できない。

すでに述べたように、持統は即位後「聖地・吉野」行幸をくり返していたから、誰かに政務を委ねていた可能性が高い。もちろん、天武の長子で太政大臣に指名された高市皇子が、実権を握り、辣腕を振るっていたのだろう。

壬申の乱でも活躍した実力者の高市皇子は皇位継承の有力候補者だが、この時点で、持統との間で密約が成立していたのではなかろうか。すなわち、高市皇子は律令整備に没頭し、事業が終わった段階で、即位してもらう。それまで、持統が王となって、祭祀に専念する、ということだ。もちろん、策を持統に授けたのは、藤原不比等であろう。

ところが持統10年（６９６）７月、高市皇子は急死する。『日本書紀』は、「後皇子尊《のちのみこのみこと》薨《みまか》りましぬ」と、誰が亡くなったのかわからないように記録している。なぜこの死亡記事が高市皇子を指していると考えられているかというと、『日本書紀』は草壁皇子を「尊」と呼んでいて、皇太子（と『日本書紀』は主張する）である草壁皇子と同様の地位にいるものといえば、太政大臣の高市皇子がふさわしい、という理由からだ。そして問題は、高市皇子薨去の直後、皇位継承問題が浮上して会議が開かれて、その場で持統の孫（軽皇子。草壁皇子の子。のちの第42代文武天皇）が皇太子に選ばれたのに、『日本書紀』はその会議が開かれたことを記録に留めなかったということだ。しかも、記事がないのに、皇太子にまつわる役人人事だけが示されている。

なぜ『日本書紀』が隠していることがわかるかというと、日本最古の漢詩集『懐風藻』に、「紛糾した会議」の詳細が記されていたからだ。

この『日本書紀』の態度は、解せない。何かを隠しているとしか思えない。高市皇子が亡くなった直後に皇位継承問題が勃発したということは、高市皇子が皇太子だった可能性を高める（高市皇子が実は天皇に即位していたという学説もある）。しかも、急死の原因が記されておらず、そもそも誰が死んだのかもわからないような『日本書紀』の記事は引っかかる。高市皇子は、実は殺されたのではあるまいか。そう疑いたくなる『日本書紀』の不審な態度なのだ。

哲学者の梅原猛は「あまりにタイミングのよい」高市皇子の死に関して、万葉学者の大浜厳比古《いつひこ》がかつて頭蓋骨のない高松塚の被葬者を高市皇子と疑っていた件を紹介し、「一理ある」と述べている（『海人《あま》と天皇　上』新潮文庫、1995年）。一理あるどころか、かなり核心を突いていると思うが、詳述は避ける。

ここで、持統と藤原不比等の戦略を整理しておこう。

天武天皇→持統天皇→文武天皇への皇位の継承に関して、今まで史学者の多くは正史の説明をすんなり受け入れてきたが、『万葉集』の歌が「大津皇子を蘇我氏が推していた」と示唆していることに気づけば、ここで「静かなクーデター」が勃発していたことに思いが及ぶはずだ。

ただし、大津皇子謀殺で草壁皇子の即位は実現しなかった。そこで、草壁皇子と鸕野讃良は「飛鳥の政敵から身を守る要塞＝岡宮」で、藤原不比等とともに、次の策を練ったのだろう。混乱は継続したが、草壁皇子が亡くなったところで、鸕野讃良と高市皇子は手打ちをし、鸕野讃良は「実権を持たない天皇」に立ち、高市皇子が太政大臣に就任し、律令整備に突き進んだのではないか。

しかし、高市皇子の不慮の死（死因不明。死んだかどうかも正史『日本書紀』は明記していない）のどさくさに紛れて軽皇子の立太子が決まってしまった。改革派や蘇我系豪族にとって悪夢のような状況であった。『懐風藻』によれば、立太子会議は紛糾したが、大友皇子の子・葛野王《かどののおう》の「一喝（いわば脅し）」が決め手になったといい、鸕野讃良は彼を褒め称えた。高市皇子の不審死を「藤原不比等の暗殺ではなかったか」と、みな疑い、震え上がり、威圧的な葛野王に反論できなかった可能性が高い。

「石川刀子娘貶黜事件」の重大な意味

文武天皇即位ののち桓武天皇に至る95年（飛鳥時代の終わりから奈良時代、平安時代のはじめ）の歴史は『続日本紀』に記録されていて、ほぼ客観的な記事で埋め尽くされていると通説は考える。しかし、ところどころに、謎が隠されている。

文武天皇は若かったが病弱で、即位後10年で崩御。このあと第43代元明《げんめい》（文武の母）、第44代元正《げんしょう》（文武の姉）と、2代女帝が続いた。首皇子《おびとのみこ》（のちの第45代聖武天皇）の成長を待ったと、通説は言う。聖武天皇は、文武天皇と藤原不比等の娘・宮子の間に生まれた子で、順当に皇位に就いたというイメージが強い。しかしこの間、後宮《こうきゅう》で陰謀が張り巡らされ、文武天皇崩御から6年後の和銅《わどう》6年（713）に石川刀子娘《いしかわのとねのいらつめ》貶黜《へんちゅつ》事件が起きている。これは、石川刀子娘と紀氏出身の女性が、「亡き文武天皇のキサキ」の地位を剥奪されてしまったという事件だ。石川刀子娘の「石川」は「蘇我」系であることを表す。

考えられる理由は、近親者の謀反、密通、厭魅《えんみ》呪詛《じゅそ》（呪うこと）だが、それらしき事件は記録されていない。いったい、何が起きていたのだろう。

近年の研究で、石川刀子娘は二人の男子を生んでいたことがわかってきた。当然有力な皇位継承候補だったはずだ。しかし母が「元キサキ」ではなくなったと同時に、臣籍降下したようだ。つまり、蘇我系の皇位継承候補は、石川刀子娘貶黜事件によって排除され、藤原系の首皇子が俄然優位に立ったのだ。

蘇我氏と藤原氏を較べたら、この段階では、圧倒的に蘇我氏の権威（もはや実力は下降気味だったが）が上回っていた。ところが、平城京遷都（710）に際し、左大臣（現代風に言えば総理大臣）の石上《いそのかみの》（物部）麻呂《まろ》が旧都の留守役に命じられ実質的に失脚し、右大臣（ナンバー2）の藤原不比等が実権を握った。そして、石川刀子娘貶黜事件によって、物部氏に次いで、蘇我氏も息の根を止められた。

聖武天皇は、決して順当に即位できたわけではない。石川刀子娘貶黜事件を藤原氏が一方的にでっちあげて、ライバルを蹴落とした結果である。逆に言えば、この段階まで、藤原氏の地位は、安定していなかったのだ。

結局、神亀《じんき》元年（724）に首皇子（聖武天皇）が即位し、藤原氏ははじめて外戚《がいせき》の地位を手に入れた。こうして、藤原氏千年の繁栄の基礎が築かれた。

ちなみに、聖武天皇即位の時点で、すでに藤原不比等はこの世にいない。その４人の子（藤原四子。武智麻呂《むちまろ》、房前《ふささき》、宇合《うまかい》、麻呂《まろ》）が、朝堂を牛耳ろうと画策していた。

「天皇のツルの一声」を温存した藤原氏

藤原四子も父に劣らず陰謀好きで、政敵を容赦なく抹殺していく。標的になったのは、高市皇子の子の長屋王《ながやおう》だ。持統天皇と藤原不比等ににらまれていた高市皇子の子が、親藤原派であるわけがなかった。藤原氏にとっては、厄介な存在だ。

長屋王は右大臣・藤原不比等が死んだ段階（720）で、自動的に朝堂のトップに立った。舎人《とねり》親王（天武の子）が知太政官事《ちだいじょうかんじ》に立っていたが、これは一種の名誉職と考えられている。そこで藤原房前は、手を打っている。養老《ようろう》5年（721）、元正天皇は藤原房前を内臣（律令の規定にない臨時職。令外《りょうげ》の官）に任命し、「天皇と同等の重みを持つその言葉で、天皇の政務を助けるように」と告げている。一介の参議に過ぎなかった房前に、巨大な権力を与えてしまったのだ。

ここから、藤原四子と長屋王の壮絶な暗闘が始まる。藤原四子が包囲網を形成し、長屋王の味方を減らして孤立させていく。じつに陰険なやり方だ。

ただし、通説は藤原四子に同情的だ。理由ははっきりとしている。すでに律令制度は整い、皇親体制から、貴族（旧豪族）の合議制（太政官）へと時代は移行しつつあった。そんな中、天武天皇の孫の長屋王が、朝堂のトップに「居座って」しまった。つまり、長屋王は皇親体制を死守し、皇族の特権を温存しようとしたというのだ。これでは、律令の理念は達成できない。だから、藤原四子は、長屋王の野望を打ち砕こうとしたのだという。つまり史学者の多くは、大化改新の時のように、藤原氏を改革派とみなす。また、平城京の発掘調査が進み、長屋王が「大邸宅で想像を超える豪勢な暮らしをしていた」こともわかり、ちょっとしたやっかみも入っているようだ。

　藤原四子が長屋王を危険視した理由は、もうひとつある。それは、キサキの吉備内親王と子供たちの存在だ。吉備内親王は草壁皇子と元明天皇の間の娘で、元正天皇の妹であり、文武天皇の姉か妹だ。血統という点で、これほど恵まれた者はいない。しかも、母系を辿ると、蘇我の血が濃厚に混ざっている。神亀5年（728）に聖武天皇と光明《こうみょう》子《し》のひとり息子が生後1年を待たずに病死してしまうが、そうなると、吉備内親王が即位して、その子（高市皇子の孫の男子）が皇位を継承する可能性が高まる。藤原氏にとって、これは悪夢だ。

　神亀6年（729）、ついに藤原四子は「長屋王が謀反を企てている」という密告を信じ、一家を滅亡させてしまう。もちろん、事件は藤原氏の仕組んだでっち上げである（『続日本紀』も認めている）。

時間を少し戻そう。長屋王と藤原四子の亀裂が決定的になったのは、聖武天皇が即位した直後に勃発した些細な出来事だった。神亀元年（７２４）２月に、聖武天皇の母・宮子（藤原夫人）に「大夫人《たいぶにん》」の称号を与えるという勅が発せられ、これに長屋王が異を唱えたのだ。法に照らし合わせると、天皇の母の称号に「大夫人」はなく、「天皇の命令（勅）と法の規定のどちらを優先すればよいのでしょう」と、正論を述べたのである。

些細な出来事に見えるが、これは重要な意味を持っていた。天皇と律令制度の問題だ。天皇の命令は絶対守らなければならないが、だからといって、天皇は独裁者ではない。天武天皇は律令を整備するために、仮の独裁体制（皇親政治）を敷いたし、中国の律令は、皇帝に強い権力を与えていた。しかし日本の律令は改良を加え、太政官（最高の合議機関）から奏上されてきた案件を天皇が追認し、玉璽《ぎょくじ》が捺印された文書が天皇の命令となって各地の役人に届けられた。しかも、太政官になれるのは、古い豪族層で、父祖の地位のおかげで高位を与えられる蔭位制《おんいのせい》で守られた畿内豪族だった。

ところが藤原氏は、いざという時のために、天皇のツルの一声を温存しようと企んだ。すでに触れたように、天皇を動かして藤原房前を内臣に任命してもらったのだ。律令の規定通りにしていては、藤原氏が負けるとわかったとき、合議制を無視し、天皇の命令を引き出して、優位に立とうとしたわけである。この目論みを長屋王は見破り、些細な「大夫人」の一件で、「律令の規定に従おう」と、藤原氏に迫ったのだ。つまり、皇親体制から律令体制へのはっきりとした移行を望んでいたのは、長屋王だった。

「天皇のツルの一声」を残したことで、藤原氏は強大な権力を獲得していくが、平安時代の終わりに、上皇が「院政」を始めて実権を握り暴走し、武士の世の到来を招いてしまう。藤原氏は歴史のしっぺ返しを受けることになっていく。

第9章　不比等の娘・光明子が「反藤原」だった理由

計算ずくだった聖武天皇の関東行幸

神亀6年（729）の長屋王の変を経て、藤原四子は盤石の体制を構築した。聖武天皇は藤原不比等の娘の宮子の子で、正妃に立った光明子もまた、藤原不比等の娘だ。聖武天皇は藤原氏の傀儡だったが、天平9年（737）に、転機が訪れる。藤原四子が天然痘の病魔に襲われ、全滅してしまったのだ。すると反藤原派の橘諸兄《たちばなのもろえ》、僧玄昉《げんぼう》、吉《き》備真備《びのまきび》らが台頭し、ここから、聖武天皇が「反藤原派」に豹変する。

天平12年（740）8月、九州大宰府の藤原広嗣《ひろつぐ》（宇合の子）が反藤原派の玄昉や吉備真備を排斥するように訴え、挙兵した。すると聖武天皇は兵を差し向け、一方で、「時期が悪いとは言え、将軍たちは驚かないように」と言い残し、平城京（奈良市）から関東行幸に出立してしまう（この時代の関東は、不破関［岐阜県］の東）。伊賀、伊勢、美濃、近江を巡り、山背（山城）国の恭仁京《くにきょう》（京都府木津川市）に入って、都にした。平城京に戻るのは天平17年（745）だから長い彷徨《ほうこう》となった。いったい、聖武天皇は何を目論んでいたのだろう。

通説の聖武天皇に対する評価は、低い。藤原の後ろ盾を一気に失い、反藤原派の言いなりになったという説や、ひどいところでは「ノイローゼ気味」「奇怪」と揶揄されることもある。一方、近年、聖武天皇の関東行幸を「壬申の乱における大海人皇子を投影させていた」（渡辺晃宏『平城京と木簡の世紀　日本の歴史04』講談社、2001年）とする推論が、いくつか提出されるようになった。古代史学者の瀧浪貞子も、大海人皇子の壬申の乱のルートをなぞったと推理している（『帝王聖武』講談社選書メチエ、2000年）。

まさに、聖武天皇の旅程は、壬申の乱と重なって見える。ただ、その深意には注意がはらわれていないように思える。「天武の行動を真似る」ことの重大な意味が、理解されていない。すなわち、「藤原権力との訣別宣言」である。

天武崩御のあと即位した持統天皇は天智天皇の娘で、しかも中臣鎌足の子の藤原不比等を抜擢した。さらに、自らをアマテラスになぞらえ、「持統から始まる天智系の王家を創始」した。天武の王家のように見えて、藤原不比等の策を受け、観念上の天智系持統女帝の王家が生まれたのだ。聖武天皇は、それを再び天武の王家に引き戻そうとしたのだろう。そして、藤原氏に対し、「もう一度、壬申の乱を起こしてもよいのだぞ」と、意思表示をしたのだ（なぜ反藤原派に豹変したのかについては、のちに触れる）。

　また、恭仁京を選んだところにも、大きな意味が隠されている。平城京は藤原氏の都だったからだ。関東行幸の目的のひとつは、藤原の都から遠ざかり、対抗できる場所に移ることにあったと思う。

　一般的な都城は左右対称に造られるが、平城京の場合、北東の隅に出っ張った区画がある（外京《げきょう》）。ここは一等地の高台で、藤原氏が占拠していた。誰が平城京の本当の主人か、可視化したのだ。ここに藤原氏は要塞を兼ねた興福寺を建てた。だから聖武天皇は、木津川の北側の山を背にした防御力の高い場所を都に選んだのだろう。さらに、木津川は一気に大阪湾に出られる交通の要衝だ。また下流域の巨椋池（京都市伏見区・宇治市・久御山町《くみやまちょう》にまたがる）はジャンクションの役目を果たし、日本海側に通じる交易の道も確保できる。さらに、聖武天皇は山奥の紫香楽宮《しがらきのみや》（滋賀県甲賀市）にも拠点を作るが、その一帯から木材を川に流せば、琵琶湖、宇治川、巨椋池を経由して、恭仁京にたどり着く。聖武天皇の行動は無計画に見えて、計算ずくだったのだ。何もかも、藤原氏に対抗するためである。

なぜ反藤原派の天皇に豹変したのか

聖武天皇の反藤原運動は、藤原仲麻呂《なかまろ》が台頭して、頓挫する。仲麻呂は藤原四子のひとり藤原武智麻呂の子で、のちに恵美押勝《えみのおしかつ》を名乗る。聖武天皇と藤原仲麻呂はしばらく暗闘をくり広げたが、仲麻呂は聖武天皇の仕掛けた策を逆手にとり、聖武天皇の息子・安積《あさか》親王を殺してしまう。ここで、勝負がついた。経緯は以下の通り。

天平16年（744）、聖武天皇は恭仁京から難波京に行幸した。ここで、息子の安積親王が脚の病で急遽、恭仁京に引き返したのだが、ここで頓死してしまった。聖武天皇の難波行幸とは、実際には、藤原仲麻呂を恭仁京の留守役に命じ、難波遷都を強行しようとしたものと思われる。この手口は、以前藤原不比等が平城京遷都（710）に際し、左大臣・石上（物部）麻呂を旧都（新益京）の留守役に命じ、捨ててきたのと同じだ。

聖武天皇は安積親王に「玉璽」を取りに戻らせたが、計画を察知した藤原仲麻呂が、安積親王を密殺してしまったようだ。通説も、「間違いないだろう」と認めている。安積親王の母は藤原氏ではなかったから、即位されては困ったし、聖武天皇を脅すために、殺《あや》めたのだろう。聖武天皇の敗北は、決定的になった。

聖武天皇はこのあと、藤原氏の都・平城京に戻ったが、主導権は次第に藤原仲麻呂に移っていった。そんな中、聖武天皇の最後の抵抗は、東大寺を建立することだった。興福寺のさらに奥の高台に、巨大な寺院を据えたのだ。

それにしても、藤原氏の傀儡だった聖武天皇が、なぜ反藤原闘争に走ったのだろう。一般的に、聖武天皇は光明子の尻に敷かれていたと信じられている。「楽毅論《がっきろん》」の臨書に記された光明子の「藤三娘《とうさんじょう》」の署名は、藤原氏の女人であることを意識したものだが、その男勝りの書体からして、彼女の性格がよくわかる。

光明子には、どうしても解けない謎がある。『続日本紀』天平9年（737）12月27日条に、次の記事が載る。聖武天皇の母・宮子は、皇后宮（光明子の館。藤原不比等から譲り受けた）で玄昉の看病を受けた。宮子は精神を患い（幽憂《ゆうゆう》に沈み）、聖武を生んだ直後から、館に幽閉されていて、母子は三十数年間、一度も会っていなかった。ところが玄昉に看てもらうと、「慧然《けいぜん》として開晤《かいご》」し（正常な状態に戻り）、その時たまたま館を訪れていた聖武天皇と再会できた……。

玄昉の験力《げんりき》？　そうではあるまい。宮子の母は賀茂氏の出で、ヤマト有数の古い歴史をもった豪族だ。藤原不比等は聖武を純粋な「藤原の子」に育てるために、賀茂系の血を引く母・宮子を引き離したのだろう。光明子は腹違いの姉でもある宮子の悲惨な姿を目撃していたはずだから、天然痘による藤原四子の全滅を待っていたかのように、宮子を解放し、聖武天皇の腕を引いて、母子を引き合わせたのだろう。

それにしても、母である「宮子の悲劇」を知れば、聖武天皇が光明子の父である藤原不比等を恨むことも十分考えられたのに、なぜ光明子は冒険に出たのだろう。事実、このあたりから聖武天皇は反藤原的になっていく。そこでいよいよ謎めいてくるのは、藤原不比等の娘・光明子の目的である。

じつは、反藤原的な東大寺建立にも、光明子がからんでいる。天平12年（740）河内に行幸したとき、聖武天皇は智識寺《ちしきじ》（大阪府柏原市）に出会う。優婆塞《うばそく》（仏教の在家男性信者）らを束ねる行基《ぎょうき》が建立した寺だ。皇族や豪族ではなく、有志（これを智識という。智識が建てた寺が智識寺）が財や労働力を出し合って、寺を建立したのだ。このやり方に聖武天皇は感動している。その姿を見て、「やってみなはれ」と建立を促し、背中を押したのが、光明子だった。東大寺は天皇家の寺だが、多くの民の協力を募って建てられた寺でもあるのだ。光明子の発想は、藤原不比等の娘のそれではない。

「不比等の娘」ではなく「県犬養三千代の娘」

われわれは、大きな勘違いをしていたのだと思う。光明子は藤原不比等の娘だが、それ以上に、県犬養《あがたいぬかい》（橘《たちばな》）三千代《のみちよ》の娘だった。説明をしていこう。

県犬養三千代は藤原不比等に嫁ぐ前に、親天武派の美努王《みののおおきみ》と結ばれ、子・葛城王を生んでいた。県犬養三千代は才媛で、多くの女性有力皇族と接点をもっていた。藤原不比等は美努王が九州に単身赴任している間に、県犬養三千代を寝取ってしまった。そして生まれたのが、光明子である。後宮に影響力をもつ県犬養三千代を手に入れることで、皇族に藤原氏の女性を嫁がせたり、石川刀子娘貶黜事件のような工作を担わせたのだろう。だから、通説は県犬養三千代に冷ややかで、「やり手」「男を天秤にかけた」「したたかな女性」と酷評する例が多い。作家・杉本苑子にいたっては、「ほんとうの悪人」「肚《はら》ぐろい」と手厳しい（『歴史を彩る女たち』新塔社、1968年）。しかし、それは間違いだと筆者は考える。法隆寺に残された「橘夫人厨子《たちばなふじんずし》」のたおやかな美しさを観るたびに、三千代の本心を知る思いがする。

権力を握るためには手段を選ばない怖ろしさを秘めた藤原不比等から家族を守るため、仕方なく従った振りをしていたと考えれば、多くの謎が解けてくる。県犬養三千代は元明天皇から「橘」の姓を下賜されるが、のちに息子の葛城王は臣籍降下するに際し、母親の姓を継いだ。これが橘諸兄で、三千代の本心を知っていたから、橘姓を受け入れたのだろう。父・美努王を母が裏切ったと思っていたら、意地でも「橘姓」は継承しなかっただろう。

系図3　聖武天皇・光明子周辺の系図

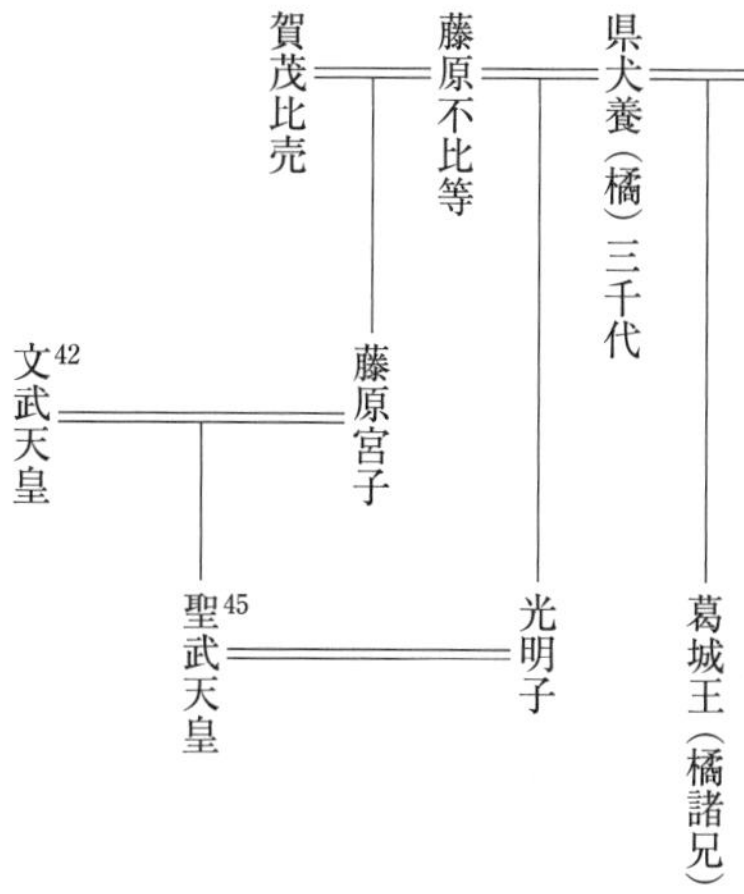

光明子は、藤原四子が天然痘で全滅したあと、法隆寺に多くの寄進を行っている。光明子は自邸を「法華滅罪之寺（法華寺）」にして、善行を積んだ。病人の体を「から風呂」で洗い、膿を吸い取ったという伝承が残されている。この慈善事業の理由はどこにあったのだろう。

現代医学の知識があるから藤原四子は天

然痘で死んだと我々は知ることができるが、当時の人間は流行病を、「疫神の仕業」「祟り」と恐れたのだ。四兄弟があっという間に滅びれば、当然震え上がっただろう。しかも、光明子には、心当たりがあった。藤原四子は、長屋王の一家を罪なくして滅亡に追い込んだのだ。聖武天皇と光明子も当事者だった。祟られるのは当然だし、長屋王たちを必死に祀ろうとしただろう。法隆寺を重視したのは、ここで蘇我系や親蘇我派、改革派の人々をまとめて祀っていたからだろう。

杉本苑子は光明子について、県犬養三千代の操り人形だと言っている（前掲書）。操られていたかどうかはわからないが、強く影響を受けたことは間違いあるまい。実は光明子は藤原氏であることの負い目があったのではなかったか。だから「積善の藤家」を唱え、善行を積むことによって、罪をはらおうとしたのだろう。聖武天皇に巨大な智識寺（東大寺）の建立をけしかけたのも、同じ理由からだと筆者は考える。

光明子の本心は、万葉歌の中に隠されている（巻8―1658）。

わが背子《せこ》と二人見ませば幾許《いくばく》かこの降る雪の嬉しからまし

聖武といっしょに見れば、この降る雪はどれだけ嬉しいでしょう……。権力者には似合わない無防備で無邪気な愛情表現だ。これは素直に受け入れるべきではないか。聖武崩御ののち、光明子は聖武愛玩の品を正倉院に封印した（その品々が現在、正倉院展に出品される）。『東大寺献物帳《けんもつちょう》』の願文に、「品物を見るたびに生前の姿を思い出し、泣き崩れてしまう」と書き残している。県犬養三千代の娘として夫と共に歩んだ女性の、本心だろう。

最後の天武系・称徳女帝の戦い

『日本霊異記《にほんりょういき》』（平安時代初期の説話集）に、「聖武天皇は聖徳太子の生まれかわり」という話が載っている。二人とも仏教興隆に尽力したからだろう。ただし聖武天皇本人は、天武天皇を意識していたとする指摘がある（神野志隆光『柿本人麻呂研究』塙書房、1992年）。天武と縁の深い吉野の歌を詠んでいるからだ。やはりこれは大切なことで、聖武天皇は天武天皇の末裔であることに目覚め、反藤原派に「転向」したのだから、親蘇我派の系譜に連なったわけである。

しかし結局、聖武天皇の抵抗は藤原仲麻呂に抑え込まれてしまったわけだ。ところが王家と藤原氏の暗闘はまだ続く。

聖武天皇には二人の男子があったが、光明子との間に生まれた基皇子《もといのみこ》は夭逝し、安積親王は藤原仲麻呂に殺された。そこで聖武は、天平勝宝《しょうほう》元年（749）、光明子が生んだ阿倍《あべの》内親王に玉座を譲った。それが、第46代孝謙女帝（重祚して48代称徳）だ。孝謙女帝は激動の時代に生きた。

天平宝字元年（757）には、橘奈良麻呂《ならまろ》の変によって、橘氏や大伴氏ら、反藤原派の主だった者が、捕縛された。死刑、流刑など、合わせて計443人が処分された。反藤原派は、壊滅的な打撃を受けてしまったのだ。

邪魔者を一掃した藤原仲麻呂は、ここから暴走する。孝謙天皇を引きずり下ろし、私邸で養子のようにして飼い慣らしていた大炊王《おおいのおおきみ》を擁立した（第47代淳仁《じゅんにん》天皇）。藤原仲麻呂はその淳仁天皇に、「朕《わ》が父」と呼ばせ、淳仁天皇は実際の父親（舎人親王）に「皇帝」の尊称を与えた。回りくどく幼稚なやり方だが、藤原仲麻呂は「皇帝」と同格になって悦に入ったわけだ。もし藤原仲麻呂体制がずるずる続いていたら、「天皇」は途絶え、「藤原皇帝」が誕生していたかもしれない。

しかし、専横は長続きしなかった。孝謙上皇との対立関係が原因だ。もともと仲麻呂はこの女帝を信用していなかった。孝謙が即位した直後、光明子の身の回りの世話をする「皇后宮職」を「紫微中台《しびちゅうだい》」に改編し、太政官の主だった者に職を兼任させ、「孝謙天皇の影響力の及ばないもうひとつの太政官」を構築してしまったほどだ。だから、孝謙上皇と仲麻呂に決定的な亀裂が入るのは当然のことだった。結果、仲麻呂は孤立し、追い詰められ、恵美押勝の乱（764）で、滅亡した。孝謙上皇は淳仁天皇を廃し、重祚した。称徳天皇の誕生だ。

独身の称徳女帝は怪僧・道鏡《どうきょう》を寵愛し、天皇に押し上げようとした。これが、宇佐八幡宮神託事件（769）で、和気清麻呂《わけのきよまろ》によって阻止されたことは、よく知られている。

それにしても、称徳天皇は何を血迷ったのだろう。

称徳天皇は身分の低い者たちに、本来なら貴族に与えるような「カバネ」を濫発《らんぱつ》している。それまでの権威を嘲笑《あざわら》い、統治システムや秩序そのものを破壊しようとしていたのではないかと思えてくる。

また、道鏡の俗姓は「弓削《ゆげ》」で、物部氏とのつながりを連想させる（物部守屋は物部弓削守屋でもあったし、彼の末裔が弓削を名乗ったとする考えもある。実際、道鏡は物部氏の拠点、八尾市付近とつながりがある）。藤原仲麻呂が道鏡を非難したとき、「先祖の大臣の地位を継ごうとしている」と声を荒らげている。物部守屋を想定していたようだ。

称徳天皇のこうした行動は「ヤマト建国直前の物部系の王でもよいではないか」と、開き直っているように思えてならない。天皇家を利用し尽くそうとした藤原氏に対する抵抗だったが、称徳天皇の崩御ののち、藤原氏は天智系の王家を復活させることで、不安定な政局を鎮めようと目論んだ。天武の王家は、ここに滅びたのであり、以後、天武系は無視されていくことになった。

藤原氏だけが栄える時代が到来した

神護景雲《じんごけいうん》4年（770）、称徳天皇崩御を受けて皇位継承問題が勃発し、擦った揉んだの挙げ句、天智系の光仁天皇（第49代）が即位した。この直前、流転する政局の中で、光仁は身の危険を感じ、酒浸りになり、暗愚を装っていたという。そして天応《てんおう》元年（781）には、桓武天皇（第50代）に王位を譲ってしまった。この時、光仁は桓武の弟の早良親王《さわらのみこ》を皇太子に指名している。しかし、桓武は早良を面白く思っていなかったようだ。なにしろ早良親王は、「聖武の東大寺」の高僧で、同寺別当も務めた良弁《ろうべん》に一目置かれた「できる人物」だった。桓武天皇や親藤原派とは相容れない人物群に囲まれていたのだ。

なぜ、光仁は桓武の子ではなく、桓武の弟を皇太子に決めたのだろう。これは、藤原的な発想がからむ独特な人事だと思う。政敵を懐柔するためだ。

光仁天皇が即位したときも、似たような図式があった。皇后に立てられたのは天武系の井《い》上《かみ》内親王（聖武の娘）で、皇太子はその子・他戸《おさべ》親王だった。これは、天智系の光仁が、政敵の親天武系の人々を懐柔するための処置だろう。しかし、宝亀《ほうき》３年（７７２）、井上内親王は呪詛（呪い）をした罪で、他戸親王と共に幽閉され、宝亀６年（７７５）、二人は同じ日に亡くなった（どう考えても、暗殺）。政敵を懐柔して即位した上で、邪魔になれば消すやり方だ。

ただし、母子の薨去の年から、天変地異が相次ぎ、祟りが噂され、みな震え上がった。他戸親王追い落としがなければ桓武天皇の即位もなかったわけで、桓武が遷都を急いだ理由もわかってくる。平城京は、天武系の王家を滅ぼした場所であり、最後の最後に、井上内親王と他戸親王の祟りが、王家を悩ましたのだ。呪われた都から一刻も早く逃れたかったのだろう。

桓武天皇は長岡京（京都府向日《むこう》市、長岡京市、京都市にまたがる）遷都を急いだが、長岡京造営の責任者に任命した寵臣・藤原種継《たねつぐ》が射殺されるという事件が起き、大きな謀反事件に発展した。そして、早良親王も荷担していたとして、流罪に処した。ただし、移送する船の中で、早良親王は薨去。水も食料も与えなかったらしい。

桓武天皇は「時期を見計らって抹殺しよう」と、考えていたのだろう。井上内親王、他戸親王と同じ運命を、早良親王は辿ったのだ。惨《むご》たらしい事件であった。呪われた平城京から逃れられると思ったにもかかわらず、長岡京も恐ろしい都となり、平安京を造成することになった。

奈良時代は、こうして終わった。そして、藤原氏だけが栄える平安京の時代が始まったのである。

第10章　平安時代は平安でも雅でもない

平安の6大事件

平安時代といえば、『源氏物語』に描かれたような雅《みやび》な貴族社会を思い浮かべるだろう。8世紀末から12世紀末まで約400年続き、国風文化が誕生したから、混乱のない平穏な時代と思われがちなのだ。しかし、政権内部でくり広げられた主導権争いは熾烈を極め、藤原四家（藤原不比等の4人の男子から生まれた。武智麻呂の南家、房前の北家、宇合の式家、麻呂の京家）が他氏を追い払ったあと、北家がひとり勝ちし、その中のさらに一部（北家の藤原良房《よしふさ》の末裔）が摂関家（摂政と関白を出す家）となり、王家を傀儡にしてしまう。さらに摂関家の藤原道長《みちなが》が「藤原の世は欠けることのない満月」と豪語し高笑いした瞬間、（案の定？）歴史の歯車が狂い出す。王家が新たなカラクリを発明し、強い権力を握り、巻き返しに出たのだ。それが、「院政」だ（なぜ権力を握ることができたのか、理由はのちに)。

貴族社会(藤原氏)内部でも権力闘争が勃発し、身内同士で憎しみ合い、骨肉の争いが始まった。王家と貴族の暗闘は、武士を巻き込んで泥沼化し、結局武士の台頭を許した。貴族に見下されていた武士たちが、めきめきと力をつけていったのが、平安時代なのである。

平安時代は末法《まっぽう》の世(いくら修行しても救われない時代になったという仏教の思想)でもあった。人々は震え上がったが、藤原氏だけが栄え、富を独占し、腐り、堕落の道に突き進んでいった。また、多くの民が貴族社会の支配に苦しんだ。ただし彼らはおとなしくしていたわけではない。とくに、東国が激しく抵抗した。一時、関東は無法地帯となりはてた。そこで沈静化を目的に送り込まれたのが、源氏と平氏(平家)だった。ところが、ここが不思議なのだが、東国の民は源氏と平氏を歓迎し、一丸となって貴族社会に復讐していくのだ。藤原一党独裁を打ち破ったのは、鎌倉時代が解放感に溢れ、新たな信仰が「東の底力」と言えるのかもしれない。また、朝廷がつねに恐れ続けた雨後の竹の子のように誕生していくのは、人々が藤原の支配から解放されたからだ。

この平安時代の歴史を理解するためのポイントとなる事件は、①阿弖流為《あてるい》の降服(8

０２）、②応天門の変（８６６）、③菅原道真《みちざね》の左遷（９０１）、④白河《しらかわ》上皇の院政の開始（１０８６）、⑤保元《ほうげん》の乱（１１５６）、⑥平治《へいじ》の乱（１１５９）だ。順番に、説明していこう。

夷をもって夷を制した藤原氏

時代を少し巻き戻す。奈良時代の平城京遷都（７１０）の時点で、藤原氏はほぼ実権を手中にしていたが、邪魔者である旧豪族は健在だった。しかも旧豪族は東国の軍事力をあてにしていたから、藤原氏は旧豪族に東国の軍団を添えて東北にさし向けた。「まつろわぬ蝦夷《えみし》（蝦夷には東国の野蛮人という意味が込められている）」を東国の軍事力で叩き、同時に政敵の力を削ぐことができる。「夷をもって夷を制す」策だった。もっとも将軍に指名された大伴氏らに戦意はなかったため、蝦夷征討は長期化した。切り札として送り込まれた征夷大将軍・坂上田村麻呂《さかのうえのたむらまろ》が、蝦夷の長・阿弖流為を説得して、征討戦にひとつの区切りはついた。また、都に凱旋した坂上田村麻呂は、阿弖流為の助命を嘆願したが、許されなかった。藤原氏は、こうして東の脅威を封じこめた（かのように見えた）。

このあと、東北の蝦夷たちの中で、恭順した者たち（熟蝦夷《にぎえびす》）は故郷で暮らすことを許された。しかし、従わない者たち（俘囚《ふしゅう》）は、強制的に日本各地に移住させられた。その中でも関東に移された俘囚たちは、次第に手がつけられなくなる。だから源氏と平氏が送り込まれたのだが、このあたりの詳しい話は、のちにする。

次に、応天門の変だ。ここで、藤原氏の台頭に最後まで抵抗した名門豪族・大伴氏の没落が決定的となった。まず、天安《てんあん》元年（857）、外戚の地位を利用して、藤原北家の藤原良房は太政大臣に登りつめた。本来なら、皇族が立つポジションで、人臣の立つ最高位・左大臣の上に位置する。恵美押勝（藤原仲麻呂）や道鏡ら、独裁権力を握って自滅した二人の人物が立っていた役職だ。

貞観《じょうがん》8年（866）閏3月、内裏の応天門が炎上した。原因不明だったが、伴善男《とものよしお》（大伴氏）が、政敵の左大臣・源信《みなもとのまこと》（第52代嵯峨《さが》天皇の第7子）の仕業と訴えた。すると藤原良房は清和《せいわ》天皇（第56代）に、これは讒言《ざんげん》に違いないと諫言した。そして8月、今度は伴善男を恨む人物が、真犯人は伴善男だと密告した。その後、清和天皇は良房を摂政の地位に上げて、始末を委ねたのだった。ちなみに、「摂政」とは、天皇に成り代わって政治一切を取り仕切る役目のことだ。天皇が未成年だったり、何かしらの支障をきたした時に任命される。「関白」は、天皇を補佐して政務を取り仕切る。つまり、摂政も関白も、法を超越した存在だった。北家の中でも良房の末裔だけが摂政と関白の地位に立つことができた。これを「摂関家」と呼ぶ。

藤原良房は摂政の地位に立って、事件を裁断した。かかわりのない紀氏にも罪を着せて、伴氏と共に、配流の刑にした。伴善男の私財は没収された。良房はこうして、旧豪族の息の根を止めたのだった。

手柄を藤原氏に横取りされた菅原道真

平安時代の天皇と藤原（摂関家）の力関係は複雑だった。天皇は権力者なのかどうかいまだにはっきりと決着を見ないのは、摂関家の箍《たが》がはずれた天皇（要は、摂関家以外の家の女性から生まれた天皇。色々な要因で、摂関家が外戚の地位から滑り落ちた）が暴走して、摂関家と覇を競っていき、強大な権力を獲得してしまったからだろう。それが院政なのだが、萌芽は9世紀末、宇多《うだ》天皇（第59代）の時代に見られる。

宇多天皇の母親は桓武天皇の孫で、藤原氏のコントロールがきかなかった。藤原良房の子（養子）で太政大臣と関白に就任した藤原基経《もとつね》と不仲で、基経の死後、待っていたかのように、親政（天皇みずから政治の指揮をとること）を始めている。また、宇多天皇は菅原道真を重用して、基経の子の藤原時平《ときひら》と競わせた。おまけに道真の娘を娶っている。これは、藤原氏の怒りを買っただろう。菅原道真が外戚になる可能性も出てきたからだ。

菅原道真は優秀な人材で、それまでの律令制度の矛盾を是正すべく、税制改革を行おうと考えた。重い課役と課税に、人々は苦しんでいたからだ。しかし、延喜《えんぎ》元年（901）、改革がようやく進もうとしたその時、菅原道真は藤原時平の策謀によって、大宰府へ左遷させられた。左遷という名の流刑で、家族も地方に追いやられ、幽閉された。菅原道真は2年後に亡くなる。実質的な獄死だ。このあと進められる延喜の治は、時平の功績と称えられているが、菅原道真の手柄を横取りしてしまったことが、明らかになってきている（平田耿二『消された政治家　菅原道真』文春新書、2000年）。

追い落とした方にやましい心があったから、このあと都に起きた凶事は、みな、菅原道真の祟りと信じられるようになった。もっとも、道真の政敵が次々と変死していったので、そう考えるのも当然だったのだが。こうして菅原道真は、日本を代表する祟り神のひとりになったのだ。

院政は静かなクーデター

摂関家の繁栄は、藤原道長（966〜1027）の時代にピークを迎えた。平安時代中期のことだ。摂関家が日本列島の多くの土地を所有し、「他人が錐《きり》を突き立てる隙もないほど、領土を独り占めにした」と、批判された。国家財政も藤原氏の私財を頼りにするほどだった。しかし、絶頂期こそ油断も生じる。潮も満ちれば、引いていくものだ。

摂関家を継ぐ者は、藤原道長の嫡流だけと定められた。権力闘争は減ったが、摂関家を支える身内の公卿も減った。これが、ボディーブローとなって効いていく。摂関家だけが栄えると、他の藤原氏の嫉妬心も燃え上がっていった。そして、摂関家の専横に嫌気のさした王家も見限り始め、暗闘がくり広げられ、さらに、王家も摂関家も、東国の武士団を味方に付けようとした。これが、最終的に悪手になっていったのだが、武士たちの話をする前に、「院政」について、もう少し説明しておきたい。

ある時期から、天皇は率先して譲位するようになる。太上《だいじょう》天皇（上皇・院・法皇）となって、実権を握ったのだ。それにしても、なぜ弱い天皇が譲位して太上天皇になると独裁者に豹変できたのだろう。そのカラクリを解き明かしていこう。

治暦《じりやく》4年(1068)、後三条《ごさんじょう》天皇(第71代)が即位したが、鎌倉初期の史論書『愚《ぐ》管抄《かんしょう》』は、この治政を「世の末の大きな変わり目」と表現している。ここから静かに、院政のカラクリが整っていく。

後三条天皇の母は皇族で、摂関家とはかかわりがなかった。また、即位後たったの4年8か月で譲位して太上天皇(院)になってしまった。後三条から王位を譲られた子の白河天皇(第72代)も、摂関家とは縁が無く、母は藤原の傍流だった。白河天皇も父にならって譲位して、院政を敷いた。こうして、後三条、白河と、2代の太上天皇が出現し、院政の基礎は整った。白河法皇(院)は絶大な権力を手に入れた。

なぜ譲位しただけで、権力者になれたのだろう。なぜ、摂関家を圧倒することができたのだろう。天皇は、もともと権力者ではない。

ヤマト建国からあと、ヤマトの大王には、原則として権力は与えられなかった。しかし、天武天皇は皇親体制を敷き、律令整備に全力を傾けた。ただし、律令が整えば、権力は太政官(合議システム)に戻されるはずだった。ところが藤原氏が合議システムを踏みにじり、独裁権力を握ってしまった。また、天皇の「ツルの一声(魔法の杖?)」をわざと残し、いざという時に利用したのだ。それを許すまいと抵抗したのが長屋王だったわけで、「律令の規定と天皇の命令のどちらに従えばよいのか」と、訴えた。そこで藤原氏は、正論を吐く長屋王が邪魔になり抹殺した。

それにしても、どうやって太上天皇（院）は、絶大な権力を握ることができたのだろう。カラクリは、とてもシンプルだ。人事権である。

人事の威力に気づいた王家

人事こそ権力の最たるものだが、摂関家の箍からはずれた王たちは、まさに「人事の威力」に目覚めたのである。

古代は母系社会で、妻の実家に夫が通った。天皇の場合、広い宮の中にキサキたちが家を構えて住み、天皇が通った。その家にはキサキだけではなく、家族も住んでいる。子が生まれると、それぞれのキサキの住まいで育てられる。その子が即位すれば、キサキの実家が外戚の地位を射止めたことになるが、外戚の地位に登ることの意味は、ここにあった。「母親の家で育てられた王は、父親ではなく、母親とその実家の言いつけを守る」のだ。ヤマト建国時から続く伝統であり、王ではなく、王を担ぎ上げた人たちが、実権を握り続けてきたのである。

ところが、弱かった王家は、藤原摂関家独裁状態の中で、ひとつの事実に気づいた。「生きている内に譲位すればよいではないか」ということだ。

天皇がひとりの子を指名して禅譲する。そして天皇は、太上天皇（院）になる。どの子に譲るかは、天皇の意志に委ねられる。それは、摂関家の娘の子とは限らない。皇族出身者や傍流の藤原氏のキサキから生まれた子を選ぶこともできた。これこそ、人事であり、摂関家でさえ、王の顔色をうかがうようになる。太上天皇になったあとも人事権を行使し、現役の天皇を廃帝にして新たな王を立てることもできる。選ばれる方も、即位すれば、のちのち太上天皇（独裁者）になれるのだから、それまで以上に、即位にも大きな意味が生まれてくる。それぞれのキサキの家が、競って子や孫を王位につけたいと願い、太上天皇にすり寄っただろう。強大な権力が、こうして発生したのだ。

問題はこのあと、王家、藤原氏それぞれの内部で主導権争いが勃発し、複雑に思惑が絡み合い、2つの対立する派閥が生まれたことだ。法皇（太上天皇）に荷担する藤原氏と、天皇に与《くみ》する藤原氏という図式だ。彼らは武力で敵を圧倒しようと考えた。そして、武士の力を頼る事件が出来《しゅったい》する。それが、保元の乱だ。

保元元年（1156）7月、鳥羽《とば》法皇（第74代天皇）が崩御。後白河《ごしらかわ》天皇（第77代

は、宮中と離宮を源義朝《よしとも》、源義康《よしやす》、源光保《みつやす》、平盛兼《もりかね》らに守らせ、敵対する崇徳《すとく》上皇（第75代天皇）・左大臣藤原頼長《よりなが》を追い詰めていく。崇徳上皇も白河北殿《しらかわきたどの》（白河法皇造営の院御所）に兵を集めた。こちらも、源為義《ためよし》ら源平の軍勢が集結した。劣勢に立たされたと感じた源為義たちは「退却か夜襲を」と献策したが、藤原頼長が一蹴してしまった。結局、明け方、後白河天皇側が攻め寄せ、崇徳上皇軍は敗北したのだった。

王家、貴族、武士団、みなそれぞれ親族が入り乱れ、壮絶な戦いが展開され、幕を閉じた。次に起きる平治の乱（1159）は、後白河上皇と二条《にじょう》天皇（第78代）の争いで、これに藤原氏もからみ、さらに平清盛と源義朝のライバル対決も出来して、後白河上皇側に着いた平清盛が勝利し、ここに、武士の時代の到来を告げたのである。

東国の底力が藤原一党支配を終わらせた？

王家と貴族、それぞれの骨肉の争いが、武士の成長を促したのだが、源氏も平氏（家）も、どちらも天皇の末裔だったことを忘れてはならない。皇族の地位から臣下の地位に降りた（臣籍降下）のだ。原則として、天皇の子は源氏、孫は平氏となり、貴族として都に残る者、武士となって地方に散らばる者に分かれた。その理由は、「皇族が増えすぎて、財政を圧迫したから」といわれているが、もうひとつの理由は、皇族のキサキが増えれば、藤原氏の地位が低下するからだろう。キサキの地位は、皇族の娘の方が高い。とすれば、藤原の娘が産んだ子の地位も下がり、皇位継承候補からはずされていく。外戚の地位を守らなければ権力の座から滑り落ちるから、なるべく皇族の娘を天皇に近づけないことが肝心だ。だから、皇族を臣籍降下させ、地方に追いやったというのが、本当のところだろう。そして、東国に赴いた源氏と平氏が東国武士団を束ねていく。

源氏と平氏が赴いた時代の東国は、無法地帯だった。俘囚は暴れ回り、蝦夷征討を終えた関東の武士団も、掠奪行為に走るなど、やりたい放題だった。ところが、源氏と平氏が赴任した途端に、関東は静かになったのだ。なぜか?

理由はとても簡単なことだ。源氏も平氏も、皇族出身だが、一方、都の貴族（藤原氏）たちは、関東の源氏と平氏を血なまぐさい野蛮な集団と蔑むようになっていく。そしてある時期までは源氏と平氏は貴族の言いなりで、関東の土地から富を都にもたらす便利な道具でもあった。

他方、関東の武士団は「行きたくもない東北にさし向けられた」から藤原氏を恨み、暴れていた。彼らにとって源氏と平氏は、「共通の敵（藤原）」をもった同志だったことになる。だから、関東の軍事力は、源氏と平氏によって束ねられていったのだ。

都で争いが起きると、王家や貴族は、源氏や平氏を頼っていくようになった。源氏や平氏は、次第に「武力があれば、権力を握ることが可能だ」と、気づいていく。また、欲にまみれた都の貴族たちの堕落ぶりを目の当たりにして、「なぜ彼らを守らなければならないのか」と感じただろう。しかも、藤原氏だけが栄え、民が苦しむ世に、辟易したことだろう。

鎌倉時代が闊達《かったつ》で、開放的な社会となっていくのは、長い長い藤原一党支配からの脱却が実現したからだ。武士の台頭は歴史の必然であり、縄文的な文化が残っている東国に根付いた武士団が新たな潮流を築いていったわけである。

おわりに

私事になるが、今年はちょうど、作家デビュー30年の節目にあたる。古代史の謎解きも進捗した。旧石器時代から平安時代に至るまで、矛盾なく説明できるようになったと自負している。また、ひとりでも多くの方に、日本古代史の面白さに気づいてほしいと願ってきたが、その思いは日増しに強くなる一方だ。

ところが困ったことに、「古代史を学ぶ必要はない」と暴論を吐く歴史家が意外に多いのだ。日本の歴史や文化、日本人の習俗は、応仁の乱（１４６７〜１４７７）のあとに形づくられたからだという。歴史や文化に断絶はないし、人類は直線的に発展しているわけでもない。だから、古い歴史を無視してよいわけがない。

古代史がわからなければ、現代史も明示できない。たとえば、「天皇とは何か」「天皇は権力者だったのか」を考えてみればいい。天皇の本質を知りたいのなら、ヤマト建国までさかのぼらなければならない。なぜ、倭国大乱の直後に、実権をともなわない王(天皇)が生まれたのか。なぜ、地方の首長(豪族)が、王家と肩を並べるような巨大前方後円墳を造ることができたのだろう。天皇と古墳は「地方分権制度」を構成する大切な要素だった。だから、その成立の過程を探究する必要がある。

ヤマト建国を調べはじめると「文明に抗った人びとが中心に立っていた」という最新の考古学者の仮説に行き着く。その根拠をさらに探っていくと、弥生時代では理解できず、縄文時代、旧石器時代まで、謎解きの旅は続くのだ。

歴史を舐めてはいけない。近世に至るまで、日本家屋の基本構造は縄文時代と変わっていないし、日本料理の真髄は「煮る料理」にあるが、これも縄文文化と無縁ではないとされている。縄文人が世界最古級の土器を造り、食材を煮るようになって、飛躍的に生活は豊かになった。弥生時代やヤマト建国時に歴史や民族の断絶があったというかつての常識は、もはや通用しない。何万年もかけて日本列島で培われてきた智恵が、民族の経験則となって受け継がれている。それを、誇りにしてよいと思う。

そして歴史は、困難で闇に満ちた時代を照らす燈台であり、道しるべになる。

ひるがえって、今日の日本の置かれた状況を見てみれば、暗澹たる気持ちにさせられる。近代以降、欧米諸国が一神教の論理で自己主張し、正義（独善でもある？）を掲げ、世界をリードしてきたが、陰りが見え始めた。代わって、お隣の中華人民共和国が台頭し、新たなルールメーカーになろうと模索している。混沌と混乱の時代が始まろうとしているが、日本は楫《かじ》を失ったように漂流するかもしれない。

日本にとっての問題は、世界が一神教の論理、それぞれの掲げる正義でぶつかり合う中、多神教的な発想で対処し、性善説的に楽観視していることだ。これは、危険きわまりない。日本のような「お人好し国家」は、一神教世界の格好の餌食にされてしまう。そして、この日本人の思考形態を、日本人自身が理解していないから、危なっかしくて観ていられない。

多神教的発想が間違っていると言いたいのではない。一神教的なやり方がこのままかり通っていけば、人類は間違いなく滅亡する。だからせめて日本人は「人間の考える理性や正義など、じつにあてにならない」と世界に語りかける必要があろう。

今回はじめて古代史を一冊の通史にまとめてみたのは、筆者の30年間の集大成であるとともに、皆さんに日本人であることの誇りを抱き、世界に向かって日本人の主張を堂々と語っていただきたいと願ったからだ。

なお、今回の執筆にあたり、新潮新書編集部の安河内龍太氏、歴史作家・梅澤恵美子氏の御尽力を賜りました。改めてお礼申し上げます。そして、人生の大恩人である、天国の松田宏氏（元新潮社顧問）にも。

合掌

参考文献

『古事記祝詞』日本古典文学大系（岩波書店）
『日本書紀　上・下』日本古典文学大系（岩波書店）
『風土記』日本古典文学大系（岩波書店）
『萬葉集　一～四』日本古典文学大系（岩波書店）
『続日本紀　一～五』新日本古典文学大系（岩波書店）
『新訂　魏志倭人伝・後漢書倭伝・宋書倭国伝・隋書倭国伝』石原道博編訳（岩波文庫）
『新訂　旧唐書倭国日本伝・宋史日本伝・元史日本伝』石原道博編訳（岩波文庫）
『三国史記倭人伝　他六篇』佐伯有清編訳（岩波文庫）
『先代舊事本紀』大野七三編著（新人物往来社）
『日本の神々』谷川健一編（白水社）
『神道大系　神社編』（神道大系編纂会）
『古語拾遺』西宮一民校注（岩波文庫）
『藤氏家伝　鎌足・貞慧・武智麻呂伝　注釈と研究』沖森卓也・佐藤信・矢嶋泉（吉川弘文館）

参考文献

『日本書紀　1～3』新編日本古典文学全集（小学館）
『古事記』新編日本古典文学全集（小学館）
『日本人の源流』斎藤成也（河出書房新社）
『文明に抗した弥生の人びと』寺前直人（吉川弘文館）
『古代日本人の信仰と祭祀』松前健・白川静ほか（大和書房）
『黒人↓白人↓黄色人』高野信夫（三一書房）
『遥かなる海上の道』小田静夫（青春出版社）
『日本民族の起源』金関丈夫（法政大学出版局）
『旧石器時代人の知恵』安蒜政雄（新日本出版社）
『倭人の祭祀考古学』小林青樹（新泉社）
『農業は人類の原罪である―進化論の現在』コリン・タッジ　竹内久美子訳（新潮社）
『日本語人の脳』角田忠信（言叢社）
『日本人の脳』角田忠信（大修館書店）
「弥生時代の交易・交通」設楽博己、『考古学による日本歴史9　交易と交通』（雄山閣出版）
『列島創世記―旧石器・縄文・弥生・古墳時代　全集・日本の歴史第1巻』松木武彦（小学館）
『前方後円墳の世界』広瀬和雄（岩波新書）

『前方後円墳国家』広瀬和雄（角川選書）
『前方後円墳の時代』近藤義郎（岩波書店）
『古代「おおやまと」を探る』伊達宗泰編（学生社）
『「前方後方墳」出現社会の研究』植田文雄（学生社）
『丹後・東海地方のことばと文化～兄弟のようなことばを持つ両地方～』（京丹後市教育委員会）
『日本神話と古代国家』直木孝次郎（講談社学術文庫）
『増補　日鮮神話伝説の研究　三品彰英論文集第4巻』三品彰英（平凡社）
『大王から天皇へ　日本の歴史03』熊谷公男（講談社）
『日本古代の国家と社会　関晃著作集第4巻』関晃（吉川弘文館）
『日本上代史の研究　津田左右吉全集第3巻』津田左右吉（岩波書店）
『大化改新　坂本太郎著作集第6巻』坂本太郎（吉川弘文館）
『日本古代国家史研究』原秀三郎（東京大学出版会）
「大化改新論」三浦周行、『史学雑誌』7―1（史学会）
『「大化改新」史論　下』門脇禎二（思文閣出版）
『飛鳥の木簡』市大樹（中公新書）
『天皇と古代国家』早川庄八（講談社学術文庫）

参考文献

『日本倫理思想史　上』和辻哲郎（岩波書店）
『飛鳥時代史・奈良時代史　新講大日本史第2巻』家永三郎（雄山閣）
『壬申の乱』直木孝次郎（塙書房）
『誤読された万葉集』古橋信孝（新潮新書）
『古代国家の成立　日本の歴史2』直木孝次郎（中央公論社）
『神々の体系』上山春平（中公新書）
『続・神々の体系』上山春平（中公新書）
『埋もれた巨像』上山春平（岩波書店）
『海人と天皇　上』梅原猛（新潮文庫）
『平城京と木簡の世紀　日本の歴史04』渡辺晃宏（講談社）
『帝王聖武』瀧浪貞子（講談社選書メチエ）
『歴史を彩る女たち』杉本苑子（新塔社）
『柿本人麻呂研究』神野志隆光（塙書房）
『伊勢神宮の成立』田村圓澄（吉川弘文館）
『消された政治家　菅原道真』平田耿二（文春新書）
『蝦夷』高橋富雄（吉川弘文館）

『源氏と平氏』渡辺保（至文堂）
『武士の誕生』関幸彦（ＮＨＫブックス）

関裕二　1959年千葉県生れ。歴史作家。仏教美術に魅せられ日本古代史を研究。武蔵野学院大学日本総合研究所スペシャルアカデミックフェロー。『神武天皇 vs. 卑弥呼』など著書多数。

Ⓢ新潮新書

902

古代史《こだいし》の正体《しょうたい》
縄文《じょうもん》から平安《へいあん》まで

著　者　関裕二《せきゆうじ》

2021年4月20日　発行

発行者　佐藤隆信

発行所　株式会社新潮社

〒162-8711　東京都新宿区矢来町71番地
編集部(03)3266-5430　読者係(03)3266-5111
https://www.shinchosha.co.jp

図版製作　株式会社クラップス
印刷所　株式会社光邦
製本所　株式会社大進堂

ISBN978-4-10-610902-7 C0221